· 经贸法律文库 ·

行政协议中单方变更权与解除权

满艺姗 著

对外经济贸易大学出版社
中国 · 北京

图书在版编目（CIP）数据

行政协议中单方变更权与解除权 / 满艺姗著 . 北京 : 对外经济贸易大学出版社 , 2024.6. --（经贸法律文库）. --ISBN 978-7-5663-2620-1

I. D925. 3; D922. 1

中国国家版本馆 CIP 数据核字第 20249543JQ 号

行政协议中单方变更权与解除权

满艺姗　**著**

责任编辑： 邸蓓蓓

助理编辑： 代凤洁

出版发行：对外经济贸易大学出版社
社　　址：北京市朝阳区惠新东街 10 号
网　　址：www.uibep.com
资源网址：www.uibepresources.com
邮政编码：100029
邮购电话：010 － 64492338
发行部电话：010 － 64492342
E-mail：uibep@126.com

成品尺寸：170mm×240mm
印　　张：11.5
字　　数：169 千字
ISBN 978-7-5663-2620-1
印　　刷：北京九州迅驰传媒文化有限公司
版　　次：2024 年 6 月北京第 1 版
印　　次：2024 年 6 月第 1 次印刷
定　　价：69.00 元

系统间的对话——序言

2017年秋，满艺姗进入北京大学，师从于我，攻读行政法专业博士学位。当时，我如同对待多数博士新生那样，问她在学习、研究期间打算聚焦什么主题？她的回答是：行政协议。

我了解到，她的硕士论文写的就是《我国PPP协议的法律属性——以双阶理论为中心的考察》，能在此基础上继续精研，是难能可贵的学术延承与坚持。做一件事，易；持之以恒、矢志不渝地做一件事，不易。学术的积累、沉淀、深耕、掘进乃至突破、超越，需要专注、执着、奋进，舍此无他。然而，坦率地说，我认为这个主题的研究是非常具有挑战性的，因为这是一项跨越两个较大知识系统的艰巨课题。

我们身处的世界，由无数个大大小小、繁简不一、相互嵌套或勾连的系统构成。系统为人类所塑造，又反过来塑造人类。我们每一个人，生活在由自己但更多地是由他人制造的各种系统以及系统交互之中，却对它们知之甚少，许多时候仅仅是盲人摸象。就行政协议而言，正如满艺姗在本书中所言，联结的是“行政”与“协议”。前者所在的系统，经常将其与权力、公共利益、行政任务、由上而下的科层制、命令与指挥、支配性、不对等、政策变化等联系在一起；后者所在的系统，则将其更多地与权利、当事人利益、合同自身目标、平等互利、沟通与协商、交易安全与稳定等联系在一起。相应地，与前者搭配的法律/法学系统，被称为公法系统，与后者搭配的，则被称为私法系统。

公法和私法的二分源自西方，自清末民初引入中国以来，历经百余年而在本土生根发芽，自20世纪70年代末改革开放以来，在我国已形成比较完善的观念、知识和制度系统。这两套系统在现实中以错综复杂的方式交织在一起，而在与它们相关联的法学教育研究系统之中，经常是由两大不同专业群体承担对应的教学、培训、科研任务。久而久之，公法（学）和私法（学）两大系统的封闭性日渐加强，尽管各自保持着对外部环境（包括但不限于对方系统）的开放性。与此同时，两大系统中的观念、知识、制度等又持续地在法律移植和本土生成的双重奏之中进行生产和发展，外来法（学）源起国的系统在被移植物上打下的烙印，也加入这一过程之中，如此这般，各种因素平添了系统的复杂性。

于是，对行政协议主题的研究，势必意味着必须走出两个比较封闭的系统，必须尽可能将两个系统各自的专业知识及其深层次的价值关切、基本原理以及在所属系统的结构性关系，进行充分的对照，发现其不同之处和相通之处，从而为行政协议相关问题的解决，找到或构造妥适的方案。这样的工作会有比较大的智识风险（intellectual risk-taking），因为它会让在某个系统里待久了的自己进入一个基本陌生的系统之中，会让自己暴露在新的、可能令人不舒服、极具挑战性的观念或知识之中，会让自己面对每一个概念、观念、原理、规则、制度时都缺乏确定的自信。

然而，对于愿意接受挑战的勇气，我向来是佩服的，也乐意给予需要的支持。在我曾经指导的博士生之中，有两位表现出了这样的勇气：一位是本书的作者、毕业后进入对外经济贸易大学博士后研究站、现在出站任教的满艺姗老师；一位是在职攻读博士学位且于2023年毕业的最高人民法院金诚轩法官。满艺姗在行政协议领域之中挑选了“行政协议中单方变更权与解除权”问题。必须承认，这是行政法学自20世纪80年代以后，行政合同领域中一个老生常谈的议题了，相关著述相当丰富。2017年《行政诉讼法》修改，明确将行政协议争议纳入行政诉讼受案范围之后，这个议题的讨论热度也是持续升温。如何选择一个可能会有新的学术贡献的切入点、如何就此展开前人未曾有过的比较全面而深入的研究，成为摆在满艺姗面前的难题。

最终，在两大系统之间建立更加充分的对话，成了满艺姗迎难而上的选择。这个基本进路（approach）为其在以下方面的独特贡献提供了可能性。其一，从合同的预防风险原理出发——“合同就是交易双方对‘不确定的未来’中存在的风险进行规避和控制的手段和工具”，另辟蹊径地将中国语境下的行政协议分为非风险型和风险型两种，并在此基础上，利用经济学分析方法对两种行政协议中行政优益权的价值内涵分别予以阐释。其二，比较了私法系统中情势变更规则、不可抗力规则与行政法系统中以单方变更权、解除权为主要表现的行政优益权，在适用条件、法律后果上的异同，力图突破仅在一个系统里讨论问题的局限。其三，通过大量案例分析，对行政协议司法实践的梳理也印证了行政优益权的内涵和外延已经超越单方变更权、解除权的范畴，内嵌了私法系统中的部分民事法律规范。

当然，我相信，早早就立志于学术之道，在读书、教学、研究、写作中寻找生活乐趣的满艺姗，并不会满足于这本书已有的系统间对话，并不会觉得自己对两大系统的把握以及对系统间对话的建构是没有任何瑕疵的，并不会认为此番对话可以就此告一段落。

我相信，在北京大学人权与人道法研究中心同瑞典罗尔·瓦伦堡人权与人道法研究所合办的人权硕士项目成功担任协调员多年的经验，在美国宾夕法尼亚大学访学一年的阅历，会让满艺姗在正式走上对外经济贸易大学助理教授岗位之后，充分利用已经奠定的国际交流能力，进一步拓展自己的研究领域，在更多的研究议题上，继续勇敢地接受挑战，砥砺自我，不断进步。

沈岿

北京大学法学院教授

2024年9月12日

前　言

随着政府职能的转变与深化，政府与社会资本合作在推动城镇化、基础设施建设、公共服务提供等方面发挥着越来越重要的作用。在政府与私营部门合作过程中，协议因其对双方都具有法律上的约束力，在明确各方权利和义务的同时，可确保双方对风险与收益有清晰的认识和预期，故得以广泛应用。然而，实践中常出现行政机关不依约履行协议，甚至以行政权破坏协议的情形。为了进一步强化行政机关在协议中的诚信履约，我国《行政诉讼法》在2014年修改时，特别将行政协议纳入行政诉讼的受案范围。此后，我国最高人民法院于2019年出台《关于审理行政协议案件若干问题的规定》，与《行政诉讼法》一起搭建起我国行政协议的法律体系框架。虽然我国行政协议的法律体系已经基本建立，但是因行政协议本身兼具行政性与协议性，在法学原理、法律适用上横跨了二元分立的公法与私法。行政协议的缔约行政机关不仅因行政管理职能而具有公法意义上对行政协议的单方变更、解除权，同时又因协议性可以主张适用民法上的诸多规范，如不可抗力和情势变更。此时，面对协议履行中不可避免的客观情况变化，如何准确、合理地适用行政法规范与民法规范，成为困扰实践的难题，更是影响我国营商环境优化的关键要素。须知，一个合理、稳定、可预期的营商环境，是发展我国民营经济，提升全球经济中的国际竞争力的基础。

基于上述背景，本书力图回答的核心问题是，当民法规范与行政法规范面对行政协议履行中出现的重大客观情况变化时，都赋予缔约行政机关对协议的变更权与解除权，那么在我国公私法二元分立的情形下应如何选择法律的适用。这个问题又可以进一步分为以下两个子问题：第一，我国行政协议的类型都有哪些，以及是否所有行政协议都允许民法规范的适用？第二，当民法规范与行政法规范可以同时对行政协议客观情势变化予以调整时，应当如何协调此二者的关系？

本书的第一章在梳理世界各国关于协议变更权、解除权的基础上，对大陆法系国家和英美法系国家的情势变更立法史和学术史予以分析。第二章立足我国行政协议相关立法、司法实践，以法国、德国和美国为比较分析对象，探讨了我国行政协议的范围和类别。前两章是对第一个问题进行的探索，并为回答第二个问题奠定行政协议的类型化基础。第三章重点考察我国行政协议单方变更权、解除权的司法现状，从实践角度反思我国目前司法裁判存在一些混乱现象的根源所在，即行政法上的行政优益权与民法上的不可抗力、情势变更规则适用基础均为协议客观情况发生重大变化，但目前仍欠缺对此三者在行政协议之中的厘清。第四章从公法（行政法）和私法（民法）的角度，对协议中的变更权与解除权原理及规则予以研究，指出我国行政协议单方变更权与解除权更多属于行政法上行政优益权的范畴，且行政优益权吸纳了部分民法规范。第五章引入法经济学分析方法，讨论了不同类型下行政协议变更权与解除权的法律适用路径，并对我国行政优益权理论予以重述。

在对上述各方面问题的讨论中，本书既采用了规范的研究视角，也采用了实证研究方法。规范的研究视角重在揭示我国行政协议立法现状，整合中央和地方对行政协议范围与类型的建构；实证研究重在分析我国司法实践在行政协议中的扩张。此外，本书尝试性地将以成本和收益作为计算维度的法律经济学分析范式引入行政协议之中，试图弥补传统规范分析的不足。虽然法律的经济分析无法直接回答许多形而上学的问题，但在行政协议这种具有高度实操性与应用性的问题上，法律经济学无疑具有其独特优势。

本书的写作跨越了我博士生、博士后等多个阶段，得到了多位前辈、同仁的关怀与帮助，对此我深表感激。特别感谢我的博士生导师北京大学沈岿教授，不仅为我指明学术研究的方向，更以其严谨的学术态度和精辟的见解，激励我不断前行。感谢我的博士后合作导师黑龙江大学校长王敬波教授，以及对外经济贸易大学梅夏英教授对我一直以来的指导和支持。感谢我的硕士生导师郑雅方教授，引导我走上充满无限可能与挑战的学术研究之路。同时，在我求学和工作期间，北京大学法学院和对外经济贸易大学的各位老师、同事为我提供了铭记于心的指点，在此一并表示谢意。本书得以入选“经贸法律文库”系列丛书，特别感谢对外经济贸易大学法学院和对外经济贸易大学出版社的支持。最后，感谢对外经济贸易大学出版社邸蓓蓓老师、代凤洁老师专业细致和精益求精的编审工作，并不断督促我修改、完善书稿。

我的家人一直是我求学和逐梦于学术道路最坚定的支持者，是我不断前行的动力。正是因为他们的陪伴，我得以在这孤独的学术探索之旅中，从未感受到寂寞的困扰。

行政协议的原理与法律适用这一主题涉及民法、行政法乃至经济学、管理学、行政学等多门学科，虽自知才疏学浅，所言难免有管中窥豹之嫌，然而学术探索的真谛，在于交流与批判，故笔者不揣浅陋，将近年来的研究与思考呈献于诸位前辈和同仁，以求教于方家。

满艺姗

2024年7月20日

目 录

第一章
导　论

一、选题背景及意义

（一）选题背景

随着行政治理方式的转变，行政协议以其特有的行政性、合意性体现了现代行政管理民主化、灵活化的趋势，因此越来越多地被用作调整和引导经济的工具。[①] 在我国，2014 年修订的《行政诉讼法》将行政协议案件纳入法院的受案范围。

虽然有关行政协议的争议属于行政诉讼管辖范围，已在我国立法层面确立下来，但是无论是 2014 年的《行政诉讼法》还是 2017 年修正的新《行政诉讼法》，均没有对“行政协议”进行界定，而是通过列举“政府特许经营协议”和“土地房屋征收补偿协议”将有关此两类协议的争议纳入行政诉讼的范畴。[②] 在此基础上，最高人民法院通过司法解释在《行政诉讼法》有关行政协议的规定上更进一步，不仅对行政协议的概念予以明确，更突破了政府特许经营协议和土地房屋征收补偿协议的范围，将其扩展到政府特许经营协议、土地房屋等征收征用补偿协议、矿业权等国有自然资源使用权出让协议、政府投资的保障性

① 参见［法］古斯塔夫·佩泽尔，《法国行政法》（第 19 版），廖坤明、周洁译，国家行政学院出版社 2002 年版，第 94–95 页。

② 参见《行政诉讼法》（2014 年修正）第 12 条第 1 款第 11 项和《行政诉讼法》（2017 年修正）第 12 条第 1 款第 11 项。

住房的租赁买卖等协议、符合行政协议范畴的政府与社会资本合作协议的范围，并设定兜底条款以满足日后行政协议类型的多样化。[①] 从实定法层面看，立法机关和司法机关均采取相对谨慎的态度，这与行政协议学理上的争议不无关系。

学理上，行政协议受到许多民法学者和部分行政法学者的质疑。民法学者对行政协议的质疑主要可以分为以下两类：第一，“全盘否定说”。持“全盘否定说”观点的学者认为行政协议本身就是一个“伪命题”，因为协议本身就不应当具有行政性。梁慧星教授曾提出，“目前在我国，不仅民法学界普遍否认行政合同的存在，行政法学界也有部分学者对行政合同持否定态度，认为行政合同概念本身是矛盾的”[②]。梁教授认为本质上属于市场交易的行为，即使一方当事人为行政机关，即使法律规定强制签约也仍然属于民事合同。[③] 同样，崔建远教授认为，某个特定的政府部门，在行使国家赋予的行政管理权限时，具有行政主体的身份，而政府在执行经济计划时，与企业签订合同并由企业承担计划中的某些任务，正是中国经济合同法上的经济合同而非行政合同。[④] 第二，“严格限缩说”。随着2014年行政协议在《行政诉讼法》中的确定，我国民法学者的观点也开始有所变化，部分民法学者从之前对行政协议的“全盘否定”开始转向“严格限缩”。崔建远教授就因行政机关在行政协议中享有的特权而主张严格限缩行政协议的范畴，以限制行政权力的膨胀。[⑤] 他认为，行政合同天然地含有优益权，因而无须法律以一个一个条文明确授权，行政机关就可以不征求相对人的意见而径自行使行政优益权。这也就意味着行政机关单方面变更、废止合同远比依据民商法处理来得容易。[⑥]

---

① 参见《最高人民法院关于审理行政协议案件若干问题的规定》（法释〔2019〕17号），第2条。

② 梁慧星：《合同法讲座》，载百度文库2013年5月23日，https://wenku.baidu.com/view/6611b8705acfa1c7aa00cc6a.html，2020年7月15日访问。

③ 参见梁慧星：《民法学说判例与立法研究（二）》，国家行政学院出版社1999年版，第190–191页。

④ 参见崔建远：《行政合同之我见》，载《河南省政法管理干部学院学报》2004年第1期。

⑤ 参见崔建远：《行政合同族的边界及其确定根据》，载《环球法律评论》2017年第4期。

⑥ 参见崔建远：《行政合同族的边界及其确定根据》，载《环球法律评论》2017年第4期。

概而言之，学界对行政协议的争议和质疑主要集中在行政机关在行政协议中享有的特权，而这种特权从司法实践中看集中于行政协议的单方变更权、解除权。行政法学者认为，行政机关享有的特权基于行政优益而产生，而行政机关行使单方变更权、解除权目的在于维护公共利益。[①]而民法学者对此质疑，认为民事合同本身也并不排斥公共利益，行政机关维护公共利益的目的完全可以通过情势变更等民法原则予以实现。

此外，我国最高人民法院于2019年11月27日发布的《关于审理行政协议案件若干问题的规定》第27条规定，在审理行政协议案件时可参照适用民事法律规范有关民事合同的规定。该条规定从我国实际出发，有鉴于我国行政协议法律体系仍处于起步阶段，而民事合同法律规范体系已相当完善的现状，通过民事法律规范对行政协议相关法律予以“补强”。虽然此规定的出发点并无问题，但实际上在某些方面加剧了行政协议案件审理的困难，尤其是行政协议中单方变更权、解除权的司法认定。解除权、变更权并不是行政法独有的，反之，民事合同中的解除权、变更权种类繁多，且有关制度、规则的讨论在民法学者看来仍不甚清晰，因此法院的“参照适用”究竟应适用哪些民事法律规范？又应如何适用，是直接适用还是改良适用？这些都是需要进一步讨论、明晰的关键。

（二）选题意义

1. 理论意义

通过梳理我国行政协议单方变更权、解除权和民事合同情势变更规则、不可抗力规则的相关研究，不难发现虽然我国行政机关在行政协议上的单方变更权、解除权已得到法律层面的认可，甚至更进一步说行政机关在行政协议中享有特权已成为大部分行政法学者和部分民法学者的共识，但行政优益权在我国话语体系中，尤其在“控权法”的传统行政法逻辑中仍缺乏强有力的理论支撑，

① 这样的观点多见于行政法学者的著作和论文，如刘莘：《行政合同刍议》，载《中国法学》1995年第5期；余凌云：《行政契约论》（第2版），中国人民大学出版社2006年版，第24页。

稍有不慎就受到行政法学者、民法学者的訾议。这种理论的缺失还导致我国行政协议的范围受到民法学者的极大“监控”，也有许多民法学者怀疑行政协议的存在，主张全部适用民事合同。[①] 出于对行政机关特权的警惕和不信任，我国行政协议的范围、类型在实定法层面中的规定远远窄于实际层面的操作，或许这也是我国立法机关对行政协议“语焉不详”“避重就轻”的原因所在。

因此，明晰我国行政优益权的价值内涵，建立我国行政优益权的理论体系是我们当前首先需要解决的问题。而该问题的核心和关键就在于对我国行政协议单方变更权、解除权性质的认定。只有论证行政协议中单方变更权、解除权的正当性，才能从根本上论证行政协议的存在。

2. 实践意义

我国行政协议法律体系的构建正处于初步阶段，与之形成鲜明对比的是，行政协议已成为我国行政机关完成行政任务、提供公共服务必不可少的方式。目前，我国对行政协议的法律规定较少，司法实践中虽承认民事规则在行政协议中的运用，但法官如何运用，以及是否恰当运用都存在一定的疑问。以民事合同中的情势变更规则为例，虽然该原则在理论上得到普遍认可，但我国《合同法》中一直没有将其明文规定，而是通过司法解释的方式予以确定。直至2020年《民法典》，情势变更规则方在我国立法层面最终确立下来。[②] 此外，情势变更规则与不可抗力规则在我国民法体系中一直被认为是“二元规范结构”，因此在民事合同案件审理中，民事合同之前有关“情势变更”[③] 的判决依据就不尽相同。扩展到当前行政协议案件审理中，情势变更规则、不可抗力规则更是与传统行政法意义上的单方变更权、解除权相互交杂、极易混淆。因此，厘清情势变更规则、不可抗力规则与传统行政法上单方变更权、解除权之间的层级关系显得至关重要。

---

① 参见崔建远:《行政合同族的边界及其确定根据》，载《环球法律评论》2017 年第 4 期。

② 参见《民法典》第 533 条。

③ 也称为情事变更，二者在内涵与外延上并无区别，本文统一使用“情势变更”。须注意，本文中“情势变更”与“情势变更规则”严格区分。

在厘清情势变更规则、不可抗力规则与单方变更权、解除权的关系后，法院如何对行政机关在行政协议履行中作出单方变更、解除协议的行政行为进行司法审查，则是我们需要研究的下一个议题。我们必须通过对比分析民事合同中的情势变更规则、不可抗力规则与基于优益权的单方变更权、解除权的理论背景、依据，以二者的相同与不同为切入点，并结合我国行政协议的具体类别，论证影响司法审查的可能因素，探寻合同“确定性”与“可变性”之间张力的控制变量，从而构建起我国行政优益权的理论体系和行政协议单方变更、解除权的具体适用模式。

3. 创新点

首先，通过比较分析情势变更规则、不可抗力规则与行政法上的单方变更权、解除权，考虑到行政协议的行政性与合意性，突破了仅在民法领域或行政法领域讨论问题的局域性，一定程度上为民法学者与行政法学者针对行政协议的共同探讨搭建起沟通的桥梁。通过对不同类别行政协议的具体研究，提出我国行政优益权在不同类别行政协议中具有不同的价值内涵，从而说明了我国行政优益权的正当性及单方变更权、解除权的正当性，在我国话语体系中构建起行政优益权理论。

其次，通过援引文献和案例的方式，系统梳理大陆法系国家如德国、法国行政协议的单方变更权、解除权及普通法系（即英美法系）国家如美国联邦政府合同中协议的范围、类别以及法律适用问题，针对我国行政协议的现有问题予以借鉴，进而加以明晰。此外，鉴于我国当前有关行政协议的比较法研究以德国、法国为主，特别引入普通法系中的美国，以美国联邦政府合同为例，说明其与普通合同的区别，这也就为我国行政法适用民法规范提供了比较法上的研究参考和借鉴。

最后，通过案例研究的方式，归纳我国行政协议的范围、种类，以明晰我国实践中现有行政协议边界、具体种类等问题，并通过“公权力渐变”的标准，对我国行政协议予以类别化研究，以作为民法规则准入适用的前提标准。此外，依然通过案例研究的方式，梳理我国法院对行政协议单方变更权、解除权的裁判态度，并归纳出在立法层面之外，我国法院创设的行政协议单方变更权、解除权类别。

（三）小结

若论证行政协议单方变更权、解除权，无疑需要从行政优益权切入，并将行政优益权与民法中的情势变更规则、不可抗力规则予以对比和区分，方能论述行政协议优益权的正当性。而通过对美国、法国、德国三国行政协议（政府合同）的学理及案例分析，总结归纳美、法、德三国行政协议（政府合同）中政府是否享有特权，以及这种政府特权背后的理论依据，法院对履行过程中政府特权的态度。此外，立足我国现实，从法律、司法解释出发，结合我国法院的裁判，将我国行政协议中行政机关单方变更权、解除权分为基于行政法规范的单方变更、解除权，基于民事法律规范的单方变更、解除权，以及法院创设的单方变更、解除权三个方面，探讨此三者之间的交叉、竞合或留白状态，厘清变更权、解除权的理论依据，说明不同客观情势下、不同行政协议类别下的单方变更权、解除权的适用和司法审查问题，最终论述我国行政优益权的价值内涵，形成我国行政协议单方变更权、解除权的法律体系。

二、国内外相关研究

（一）对单方变更权和解除权的研究

1. 大陆法系国家

传统的大陆法系法学认为，合同最鲜明的特征在于双方当事人地位平等、合同意思自由、双方合意。而这些内容在行政法几乎没有存在的可能，同时，传统的行政法学以“命令—服从”模式对国家秩序进行维护，从而带有天然的对合同的排斥。德国行政法学家奥托迈耶一直对行政协议持否定态度。他在

《关于公法契约之学说》中认为，公民与国家之间真正的契约不可能存在，因为合同以法律主体平等为前提，公法中国家享有优越地位。因此，奥托迈耶主张以行政处分代替公法契约。[①] 在奥托迈耶的理论构建下，很长一段时间内，行政法将行政分为高权行政和国库行政两类，前者在于统治权，后者在于财产权；前者产生的是公法关系，而后者产生的是私法关系。

此后，随着现代国家的任务和作用发生变迁，国家理论由所谓秩序国家逐步走向所谓给付国家，随之出现的是行政协议在现实中的大量实践，相关行政法理论也开始认可行政协议。德国行政法学者认为，在一个公共行政主体与另一个公共行政主体或者行政相对人具有共同互补的利益时，可以签订行政协议，并将行政协议视为单方措施的替代和补充，是处理具体事件的、具有稳定性和灵活性的替代性活动方式。[②]1976 年行政协议被纳入德国的行政程序法，因此德国成为世界上第一个在法律中确立行政协议制度的国家。但是，德国行政程序法对行政协议的规定较为粗糙，体系也不甚完善，并将行政协议作为一种行政行为来处理。早期德国学者对行政协议的探讨多围绕行政程序法进行，如行政协议的适用范围、行政协议的类型、公法合同与私法合同的区分等。随着公私合作的模式席卷欧洲大陆等客观因素，行政协议的适用空间不断扩张。2005 年 9 月 1 日，德国通过《加速实施公私合作制及改善其法律框架条件法》，联邦议院在联邦参议院的同意下修改了《反限制竞争法》《发包条例》《远程公路建设私人融资法》《联邦预算法》《土地购置税》《土地税法》《投资法》的相关条文，使公私合作法律框架内的法律能够相互配合。此外，石荷州颁布的《公私合同促进法》要求，行政机关除非不能以行政协议的方式完成行政任务，才能以行政处分加以规制，这一规定打破了将行政协议作为辅助地位的传统行政法理念。[③]

① 参见林明锵:《行政契约法论》，载《台大法学论丛》第 24 卷第 1 期。

② 参见 [德] 汉斯 · J. 沃尔夫、奥托 · 巴霍夫、罗尔夫 · 斯托贝尔:《行政法》(第二卷)，高家伟译，商务印书馆 2002 年版，第 147–148 页。

③ 参见 [德] 哈特穆特 · 鲍尔:《德国行政法上行政契约发展面面观》，李建良译，载《台湾法学杂志》2012 年总第 203 期。

法国是行政法开创行政协议法理的国家。狄骥在《公法的变迁》一书中写道："没有人敢于否认国家是受到契约的约束的，一份契约就是一项无论在公法还是私法都具有相同性质的法律行为；或者毋宁说在公法与私法之间不存在区分，而国家就完全如那些受到契约约束的个人一样，受到自己订立的契约的约束。" ① 一百多年来，法国行政法院以其特有的判例制度在行政协议领域确立了一套识别和适用行政协议的标准。除判例外，亦有两类成文法成了法国行政协议法律体系的重要组成部分：一类在司法程序上规定行政协议归属中央行政法院管辖，另一类则综合地规定行政协议。② 但正是由于法国行政协议多以判例所形成的法律规范作为主要内容，因而在规则的明确性和体系化方面存在欠缺，尤其当具体的判例基于某个特定时间、经济社会发展状况而作出时，其法律规范也具有诸多不确定性。法国行政法的行政契约法律体系由中央行政法院一系列判例建构而成。一般认为行政协议的单方变更权来源于 1910 年的"法国电车案"。在该案中，法国电车公司与政府订立特许协议，由该公司负责马赛市公共电车运营事业，该地的行政长官于 1903 年 6 月 23 日颁布公共电车夏季运营表，并通过命令的方式增加了公共电车的运营班次，以适应日益增加的旅客人数。法国电车公司以违反原始契约的约定、增设义务为由向行政法院提出撤销诉讼，请求撤销行政命令。一审行政法院判决原告胜诉，撤销该规范公共电车时刻表的行政命令。被告由此向中央行政法院提出上诉。虽然中央行政法院在其 1930 年的判例中主张，行政首长依法享有核定火车班次的权力，但权力的行使仍须受到特许经营协议的一定限制。但是，政府委员 Blum 认为此项电车运营属于公共服务事项，国家虽然将公共服务事项委托给民间经营，但这并不意味着失去了其公共服务的性质。委托行政仅作为一种方式，而非公共服务事项的放弃，国家也不因委托行政而对公共服务的事项不再负责。Blum 认为，一旦公共服务事项的需求有所增加，那么身为公共服务的最初承担者——国家就有权介入，

① 参见 [法] 狄骥：《公法的变迁》，郑戈译，商务印书馆 2013 年版。

② 参见张庆彬、肖念华：《国外行政合同制度之比较研究》，载《北京市政法管理干部学院学报》2002 年第 3 期。

要求特许缔约人提升给付内容，以满足公共利益的需求，达成行政主体所应尽的义务。因此，概括而言，Blum 认为，单方变更权的存在，并非基于行政机关与私人所缔结的特许经营协议关系，而独立于行政协议关系之外，行政机关基于公权力主体的身份享有这种特殊权力。最终，中央行政法院依照政府委员的意见，判决行政机关有权核定时刻表，并在公共利益的考量下，为使公共服务事项能够适当运作，行政机关有权对公共服务事项的运作规范作出必要的调整和修正。同时，法院认为，在此情形下，若当事人认为协议的义务变更对其合法权益造成侵害，可向法院提出损害赔偿的诉讼，而并非排除新增设义务的撤销之诉。① 对于"法国电车案"是否真的确立了行政机关的单方变更权，在法国学者中仍存在争议。有学者认为，该案中的变更权源自维持交通秩序与安全目的的"警察权"。基于"警察权不可让渡"原则，即使电车事业委托给民间，但行政机关仍保有公共服务事项的组织权与管制权。更进一步而言，行政主体基于法律授权所享有的"规则制定权"既不能让渡也不受时效的约束，因此交通主管机关不因运输事业委托民间经营而失去了相关事项的规范制定权。还有学者认为，虽然行政机关的单方变更权在判例中被确认，但是此特权仅适用于公共工程的承揽合同等特定类型，并不必然适用于所有行政协议。在公共工程的承揽合同中，行政机关可依照实际需要变更协议内容，只要相对人获得应有的补偿，则该权之存在与一般私法合同的规范并无不同。这也体现了法国行政协议的"财务平衡原则"。②

在德国，虽然德国行政法对变更合同标的的条件设定较高的法律门槛，但同时也赋予行政主体单方优益权（解除合同）。因为如果撤销一个合同对于防止或消除某种对社会一般福利的严重危害是必须的话，那么在任何时候作为合同当事人的一方行政机关都享有撤销合同的权力和单方面解除合同的权力。③《德

① 参见[法]让·里韦罗、让·瓦利纳：《法国行政法》，鲁仁译，商务印书馆 2008 年版，第 547–563 页。

② 参见李颖轶：《法国行政合同优益权重述》，载《求是学刊》2015 年第 4 期。

③ 参见刘莘：《行政合同刍议》，载《中国法学》1995 年第 5 期。

国行政程序法》第 60 条第 1 款规定，“行政机关为防止或排除对公共福祉之重大不利益，可以终止契约”。同条款第一句规定在情势变更的情况下，行政契约的双方缔约当事人，可以请求调整契约内容或终止契约；但前述仅赋予行政机关享有单方终止契约的权力，因此与情势变更条款分属不同的范畴。德国法上的单方终止权在立法过程中，仅由行政机关享有，也因存在违反契约当事人平等的原则而屡遭质疑，但最终仍然规定在行政程序法中，主要出于对公共利益的考量。德国行政性协议单方终止权可以归纳为以下四个特点：第一，未给契约当事人增加新的负担；第二，仅属于形式上地位的不平等；第三，不具有“积极”特性；第四，未明文规定其补偿赔偿机制。

一般而言，单方变更权与单方解除权具有相同的性质，而且变更权本身可能同时包含契约的调整及契约的终止两个方面的含义。但就契约关系进一步观察可发现，终止权（抑或解除权）与变更权相比，其对契约的调整程度及性质并不相同。无论是单一终止或全部终止契约，行政机关只是单纯免除了私主体一方的契约义务，而未增设新的义务。但变更权不同，变更权的实质是在原始契约的基础上，可能为私主体一方增设新的、不属于原始契约的义务。从这个角度看，单方解除权事实上对原始协议的“破坏”程度并没有单方变更权对其破坏程度大，且单方解除权应属于原始契约关系的一种延伸，可与情势变更规则共同作用为合同的终止。因此，单方的解除权并不属于公法契约的专属。且就行政协议而言，较少出现私主体一方请求解除行政协议的情况，但行政机关缔结行政协议的主要目的在于达成某项行政任务，实现特定的公共利益。因此，当行政协议的继续履行无法实现前述目的时，行政契约存续也不存在意义了。

同样作为大陆法系国家的德国与法国，其行政协议中的基本观念有着不同的内涵：法国的行政协议以“公共服务”为原则，因此法国行政协议始终以行政机关基于公共利益的实现而享有优势地位为特征，而区别于民事合同；德国行政契约法则侧重于对人民权利的保护，始终强调当事人之间“地位平等”。德国的行政主体在行政合同履行过程中，除了拥有为“防止或消灭公共福利的严重损害”而单方解除合同的特权外，并未拥有法国行政主体对合同履行的单方指挥权、变更合同标的权、对对方当事人的直接制裁权，而且德国的单方解除权也受到比法国法更为严格的条件限制。基于此，德国行政契约侧重人民权利的保护，而法国的行政契约则具有工具性效能。[①]

法国行政法的行政契约法律体系由中央行政法院一系列判例建构而成。行政协议的单方解除权一般认为来源于“瓦斯提供案”。在法国行政合同法的语境下，单方解除权（终止权）特指“为公共利益解约”。自 19 世纪至今，这一规则已被判例反复确认为属于“适用于所有行政合同的普遍规则”，无论其是否写入合同。而且，企图排除此项权利的合同条款归于无效，因此，无对抗力。

“为公共利益动机”的终止权一经判例便受到理论界和实务界的广泛支持，虽然行政主体必须充分论证公共利益存在被侵害的可能，实践中对所谓“公共利益”的识别却无法形成一套普适的标准。从大量案例看，它可以是履约时发现技术困难而放弃一项工程，也可以是相对人不再有足够的履约担保能力，或者合同条款不明确以及起草违反法律法规，也可能是公共服务需要重新组织，或当地政府希望改变公共政策，甚至是由于缩减财政预算的原因。由此可见，公共利益是行政主体无过错——既未违法也无越权甚至无违约时可以任意援引的解约事由，只要其对同样无过错的相对人因此遭受的损失在财务平衡的要求下进行足额的补偿即可。进一步讲，从经济学的角度分析，一旦行政机关有理由相信一项合同的继续履行会让公共利益受到损害，解除（终止）合同无疑是更好的选择。即使它只是在微观上避免了合同继续履行而导致的行政财务成本非正常扩大，也可以解释为力所能及地减少了其代表的公共利益的损失。合同行政主体在行政合同履行过程中的某个时间点，一旦有理由相信继续履行合同的追加成本将高于合同的赔付成本，即可单方主张终止合同。这是一项无须援引“公共利益”以外的理由便足以启动的行政权力。单方终止权内的单方性，不仅意味着解约不需要获得相对人的同意，还意味着除了“为公共利益动机”之外，不需要其他解约事由。否则依据合同约定或法律规则，行使合同解除权

① 参见陈淳文:《论行政契约法上之单方变更权——以德、法法制之比较为中心》，载《台大法学论丛》第 34 卷第 2 期（2005 年）。

即可，无须动用此项合同外的行政权力。单方解除权的行使前提是保证财务平衡。“为公共利益”而单方终止合同，只有在补偿相对人因解约而遭受的损失，及支付——若有必要——其合理预期可得而未得的利益的前提下，方能行使。[①]公共利益与私人利益的博弈也由此展开。理论上讲，这并非合同法上的违约责任，虽然此二者在功能和范围上具有相似之处，而法院在财务平衡的要求下赔偿涉及的范围除了已经产生的现实损失外，也可以是未来一定时期内预计产生的损失，甚至可能是期待利益的损失。由于这种不确定性，法国行政合同缔约技术渐渐出现“单方终止权赔偿条款”。赔偿金可以是一个固定的数额，或者约定一个最高限额，甚至可以约定不予赔偿；相对人一旦在缔约时接受，便不能援引包括《欧洲人权公约》在内的法律主张财产权的保护。而且，若约定的数额明显高于实际损失时，行政法官有权判定约定无效；而低于实际损失时，行政法官会予以支持。

在日本，尽管实践中行政协议应用的广泛性远不及行政指导，而日本的《行政程序法》也未对行政协议作出一般性规定。但正如盐野宏教授所述，在现实和观念中，行政法的契约关系是广泛存在的。[②]日本学者南方博指出，根据国家法律法规、政策或计划的变化以及社会经济形势的变迁，若契约的延续将严重危害公共利益，则应给行政主体单方解约权，其不必取得相对方的同意。当然，行政主体单方面解除合同权利的行使是有条件的，要受公平、合理、合法原则的支配。同时，行政机关因公益需要变更解除合同时，应遵守先行通知相对人、说明理由、听取相对人意见、采取补救措施等程序。

2. 英美法系国家

英美等普通法系国家，没有区分公法与私法的传统。因此这类国家的行政法中没有使用行政协议、行政合同等概念，而是采用以普通法为本位的政府合同。政府合同在预设政府与人民在法院面前平等的基础上，与私人之间缔结的合同适用相同的法律制度。但同时，为了解决政府在政府合同中的双重性，即

---

① 参见李颖轶：《法国行政合同优益权重述》，载《求是学刊》2015 年第 4 期。

② 参见 [日] 盐野宏：《行政法》，杨建顺译，法律出版社 1999 年版，第 136 页。

既作为公共事务的管理者又充当合同的缔约者，英美法系国家制定出一系列特殊规则，赋予政府在契约关系中的特殊地位。

英美传统行政法以司法审查为核心，加之行政机构、行政立法、行政裁决、政府信息公开等内容。与大陆法系国家的“法治”（rule of law）相区别的是，英美法系对规制实践的研究目的在于实现良治（good governance），即更多地探讨行政政策是否妥当。这种实用性导向的研究氛围下，学者更多地开始讨论政府合同的法律规范、政府的特权即判例所确立的规则。其中判例确立的政府合同不同于民事合同的特别规则，如英国 Stringer 案[①]中确立的行政部门不能因合同而被束缚自身的权利或义务而不去行使法律授予的裁量权，以及 Penwith 案[②]中所确立的契约不能束缚行政机关的自由裁量权在学界得到激烈讨论。20 世纪 80 年代开始，政府合同的研究重点开始转向政府合同的纠纷解决，尤其是替代性纠纷解决方式。学者普遍认为，政府不断通过合同形式外包其传统职能的做法，势必要求政府合同吸收公正、理性和问责等公法规范。[③]后随着政府职能的扩张和管制形态的多元化，政府与私人之间的合同从政府采购合同发展出涉及人民和政府就管制事项进行协商的管制合同（Regulatory Contract）。1996 年，美国联邦最高法院通过 United States *v.* Winstar 案[④]建立关于管制合同的一项规则：政府与私人之间签订的管制合同对于政府具有有限度的法律上的约束力。管制合同中的私人就政府的违约行为，有权请求损害赔偿，但不得请求特定履行，以防止妨碍政府管制权限的行使。Winstar 案通过损害赔偿的方式一方面保护了人民的信赖利益，另一方面通过禁止特别履行请求的方式维护了政府的管制不受干预。美国学者同时注意到，无论是公共合同还是管制型合同，都存在公法尊重行政行为的观念与私法契约解释原则之间的张力，从而给行政机关、

---

① Stringer *v.* Minister of Housing and Local Government (1971) 1 ALL ER 65.

② Western Fish Products Ltd. *v.* Penwith DC (1981) 2 ALL ER 204.

③ 参见 [美] 朱迪 · 弗里曼:《合作治理与新行政法》，毕洪海、陈标冲译，商务印书馆 2010 年版，第 494 页。

④ United States *v.* Winstar Corp.,518 U.S.839 (1996).

法院以及立法机关带来挑战。那么，到底是维持政府合同与普通合同的统一适用，还是为实现公共利益而制定出一套政府合同的特定规则？针对这个问题美国学者产生了巨大分歧。美国联邦最高法院就 1934 年 Lynch *v.* United States 案[①]作出的判决认为，当美国（政府）进入合同关系，其在合同中的权利和义务一般都适用于私人之间的合同法。而其在 1949 年作出的判决却又不同：政府作为所谓全民的代表，不能被原告基于财产或合同的权利所提出的争议性问题而停止其继续前进的步伐。[②]这两种不同的观点直至今日仍存在于美国公共契约法制之中。[③]

政府合同的法律适用同样也是英国行政法的重要议题，学者普遍认为政府合同的案件不能仅适用私法上的合同原则，但是对于如何在普通法的基础上进行变通，学者们依然存在分歧。彼得·莱兰在《英国行政法教科书》中提出，必须建立新的公法机制，这一机制既可以解决公共机关行为的合法性问题，而且允许在一定的情况下基于当事人赔偿，通过借鉴法国行政法救济途径，建立起专门的针对政府合同的救济途径以保障特定情况下缔约人的权益。[④]卡罗尔·哈洛则认为行政合同的法规则应该是公法与私法的结合体，而不应单设行政合同，从法院的判例来看，某些情况下法院倾向于公法模式，而另一些情况下，法院又废除了旧有的例外与特权，而倾向于统一的私法责任模式。[⑤]

美国学者弗里曼教授在其《合作治理与新行政法》一书中总结道：合同作为行政和管制工具具有特有的优势和危险，首先合同可以作为立法机关推卸职

---

① Lynch *v.* United States, 292 U.S.571 (1934).

② The Government, as representative of the community as a whole, cannot be stopped in its tracks by any plaintiff who presents a disputed question of property or contract rights. See Larson *v.* Domestic & Foreign Commerce Corp., 337 U.S. 682 (1949).

③ Joshua I. Schwartz, Public Contracts Specialization as a Rationale for the Court of Federal Claims, 71 Geo. ubsh. L. Rev 864, 863–878 (2003).

④ 参见 [英] 彼得·莱兰、戈登·安东尼:《英国行政法教科书》(第 5 版)，杨伟东译，北京大学出版社 2007 年版，第 556–557 页。

⑤ 参见 [英] 卡罗尔·哈洛、理查德·罗林斯:《法律与行政》(上卷)，杨伟东等译，商务印书馆 2004 年版，第 415 页。

责和分散责任的手段，从而削弱州的权力；其次政府合同有可能会颠覆传统行政法如决策中的理性、公平和责任性的理论。但是，在当今公私相互依赖的时代，合同也是一种十分有效的治理手段和强大的责任性机制。就最低程度而言，政府合同的兴起会迫使法学家面对公法规范与私法合同原则之间的“结合”，而这一研究方向无疑是具有希望的。①

3. 中国法学界的认识

我国学者对行政协议单方变更权的认识大部分来源于王名扬先生的著作《法国行政法》。在书中，王名扬先生详细描述了法国行政协议履行过程中行政主体具有的特权，即要求对方当事人本人履行义务权、对合同履行的指挥权、单方面变更合同标的权、单方面解除合同权、制裁权。②据通说，单方变更权、解除权是指在行政协议的履行过程中，行政主体可以根据国家的相关法律、政策或者重大国民经济计划的修改或调整，以及为维护和实现公共利益的需要，有权单方面解除或变更行政协议。③单方变更权、解除权的目的在于维护公共利益，尤其当情况发生变化时，行政机关与私主体签订的行政协议已不符合公共利益的要求时，行政机关可根据情况的变化单方决定变更或解除合同。当然，由此造成相对人的损失，行政机关应给予适当的补偿。

从立法和司法解释上看，我国于2014年修订的《行政诉讼法》将行政协议案件纳入法院的受案范围，而2015年颁布的《最高人民法院关于适用〈中华人民共和国行政诉讼法〉若干问题的解释》④对行政协议单方变更或解除权行使条件作了规定，确立了公共利益需要与其他法定事由的标准。⑤该司法解释现已

① 参见[美]朱迪·弗里曼:《合作治理与新行政法》，毕洪海、陈标冲译，商务印书馆2010年版，第570–573页。

② 参见王名扬:《法国行政法》，北京大学出版社2016年版，第151–153页。

③ 参见王旭军:《行政合同司法审查》，法律出版社2013年版，第22页。

④《最高人民法院关于适用〈中华人民共和国行政诉讼法〉若干问题的解释》，法释〔2015〕9号。

⑤《最高人民法院关于适用〈中华人民共和国行政诉讼法〉若干问题的解释》第15条第3款:“被告因公共利益需要或者其他法定理由单方变更、解除协议，给原告造成损失的，判决被告予以补偿。”

失效，而在2018年2月7日最高人民法院发布《关于适用〈中华人民共和国行政诉讼法〉的解释》[①]的次日，时任最高人民法院副院长江必新在新闻发布会中指出，出台新的司法解释是为了消除新旧司法解释不能衔接甚至冲突的问题。[②]值得注意的是，新的司法解释并未涵盖旧有司法解释有关行政协议优益权相关条款。

从司法实践看，单方解除权的情况在煤矿治理中多次出现，如2009年10月9日，内蒙古发出煤矿整合的通知，河南等省份纷纷推行国有企业为主的中小煤矿整合工作。因此，之前签订的采矿合同因公共利益的需要被解除。而近年来审判实践中对行政协议单方变更权、解除权的判决多集中于行使条件的认定。通过北大法宝司法案例数据库，以“行政优益权”“单方变更权”“单方解除权”为关键词进行检索，通过分析相关案例，可以看出在2015年5月1日施行旧司法解释前后，法院对行政单方变更或解除行政协议适用条件的认定还是有明显区别的。在解释出台之前，法院对行政单方变更权、解除权的适用条件裁量权较大，呈现多元化的趋势。法官多依据行政协议理论学说在个案中进行裁判，如公共利益的需要[③]、符合法律的规定[④]、符合协议约定[⑤]、情势变更[⑥]等。其中在“韩炳权与广州市国土资源和房屋管理局行政合同纠纷上诉案”中，法院认为，“作为合同一方的天日公司已经被依法注销，而作为其权利承继者的原

---

① 《最高人民法院关于适用〈中华人民共和国行政诉讼法〉的解释》（2018年修正），法释〔2018〕1号。

② 参见江必新:《〈行政诉讼法〉司法解释出台的相关背景和主要内容》，载一点资讯网2018年2月8日，http://www.yidianzixun.com/article/0IKD3rbj，2020年7月9日访问。

③ 崔邦安等与秭归县郭家坝镇人民政府行政合同纠纷上诉案，湖北省宜昌市中级人民法院行政判决书（2006）宜中行终字第00036号。

④ 张素兰诉漳平市教育局不履行教育行政合同案，福建省龙岩市中级人民法院行政判决书（2002）岩行终字第68号。

⑤ 杨清泉与广东海外建设总公司撤销具体行政行为纠纷案，广东省广州市海珠区人民法院行政判决书（2013）穗海法行初字第62号。

⑥ 韩炳权与南沙开发区国土局行政主体优益权纠纷上诉案，广东省广州市中级人民法院行政判决书（2013）穗中法行终字第338号。

告不具备土地开发的资格，合同已不可能实际履行，合同的目的不能实现，因此应当认定为情势变更，被告有权据此单方解除协议”。从判决书中不难看出，法院以合同目的不能实现为由，判定行政机关据此享有单方解除权。但是，在2017年最高人民法院作出的判决中，对类似的情况却有不同的看法。

最高人民法院在“湖北草本工房饮料有限公司诉荆州经济技术开发区管理委员会等行政协议纠纷案”[①]中，详细阐述了行政单方变更权、解除权。法院认为，行政机关可以选择以缔结行政协议的方式“替代”单方行政行为，则应于缔结协议后，切实避免再以单方行政行为径令协议相对方无条件接受权利义务变动。如果出尔反尔，不仅显失公平，亦违背双方当初以行政协议而不是单方行政行为来形塑当事人之间法律关系的合意基础。固然，基于行政协议和行政管理的公共利益目的，应当赋予行政机关一定的单方变更权或解除权，但这种行政优益权的行使，通常须受到严格限制。首先，必须是为了防止或除去对于公共利益的重大危害；其次，当作出单方调整或者单方解除时，应当对公共利益的具体情形作出释明；再次，单方调整须符合比例原则，将由此带来的副作用降到最低；最后，应当对相对人由此造成的损失依法或者依约给予相应补偿。尤为关键的是，行政优益权是行政机关在《合同法》的框架之外作出的单方处置，也就是说，行政协议本来能够依照约定继续履行，只是出于公共利益考虑才人为地予以变更或解除。如果是因为相对方违约致使合同目的不能实现，行政机关完全可以依照《合同法》的规定或者合同的约定采取相应的措施，尚无行使行政优益权的必要。

可以说，虽然2015年司法解释目前已失效，但其蕴含的行政协议案件审理过程中适用民事法律规范的内涵影响依然广泛。在行政协议案件审理过程中，情势变更规则已经得到适用。值得注意的是，即使在民事合同领域情势变更规则的适用仍然存在较大争议，而我国的行政协议诉讼已经引入情势变更，这不仅可能产生对单方变更权、解除权与之的混淆，而且可能与我国民事合同领域

① 最高人民法院行政裁定书（2017）最高法行申3564号。以下简称“湖北草本工房案”。

的情势变更产生“断层”。

我国学者对行政协议的单方变更权、解除权的关注由来已久。刘莘教授在其《行政合同刍议》一文中认为，行政优益权原则是行政合同的特征之一。[①]所谓行政优益权是指行政机关享有的优先处分的权益，在行政合同中行政优益权表现在：行政主体单方面选择行政相对人而与之签订行政合同，行政主体在合同履行过程中享有监督权或指挥权；行政主体根据公共需要，在情势变更时单方面变更或解除合同；行政主体享有对单方违约行为的制裁权等。在该文中，刘莘教授指出，行政机关单方面变更或解除合同应以公共利益为目的，但同时需要注意“公共利益”的概念外延和内涵，否则将可能造成行政机关对变更或解除权的滥用。叶必丰教授在《行政合同的司法探索及其态度》中认为，行政权在行政合同的履行中表现为行政优益权。[②]行政主体在行政合同关系中的优益权，不限于对行政合同的单方面变更和解除权，同时，不具有行政优益权的合同则不属于行政合同。叶教授将行政优益权的行使条件总结为基于公共利益的目的、须有法律规定和合同约定依据、须承担损失补偿责任。麻锦亮法官在《纠缠在行政性与协议性之间的行政协议》一文中认为，行政协议中的部分制度有别于民事合同而独具特色，如情势变更规则在考虑到行政协议以追求公共利益为目的时，应与合同法上“不属于商业风险的重大变化”相区别。[③]因此麻法官认为，行政协议中的情势变更具有其区别于民事合同的特有内涵。沈广明博士在《行政协议单方变更或解除权行使条件的司法认定》中分析了我国法院对行政协议中涉及“公共利益”的解释和审查，说明公共利益概念本身的不确定性，以及通过法规范对其进行解释和界定。[④]

---

① 参见刘莘:《行政合同刍议》，载《中国法学》1995 年第 5 期。

② 参见叶必丰:《行政合同的司法探索及其态度》，载《法学评论》2014 年第 1 期。

③ 参见麻锦亮:《纠缠在行政性与协议性之间的行政协议》，载《中国法律评论》2017 年第 1 期。

④ 参见沈广明:《行政协议单方变更或解除权行使条件的司法认定》，载《行政法学研究》2018 年第 3 期。

（二）对情势变更的研究

1. 大陆法系国家

众所周知，合同履行是合同最为重要的部分，指债务人依据法律规定和合同约定作出给付的行为。合同必须得到履行是“合同严守”（Pacta sunt servanda）原则的题中应有之义。合同严守原则可追溯至罗马法时期的“债”的概念，由于被形象地称为“法锁”，也反映出合同必须严守的原则。合同严守原则包括未经双方协商一致，任何一方不得擅自变更和解除合同。可以说，合同严守原则是合同法律制度的基础。① 在合同的履行过程中，合同双方当事人需要遵循基本准则，其中既包括基本原则，也包括专属于合同履行的原则。虽然民法学者对合同履行原则的概括各不相同，但基本可以归纳为：诚实信用原则、公平原则、平等原则、全面履行原则、经济合理原则、情势变更原则。②

情势变更原则的出现可以视为对不可抗力规则救济范围的补充。按通说，情势变更规则源自 12、13 世纪注释法学派的《优帝法学阶梯注解》，其中的“情势不变”条款中假定每个合同都包含一个具有如下含义的条款：缔约时作为合同基础的客观情况应继续存在，一旦这种情况不复存在，准予变更或解除合同。③ 情势变更规则几经波折，在 16、17 世纪得到广泛应用后，在 18 世纪因滥用而受到批评并被摒弃。

德国判例在 1922 年采用厄尔特曼所主张的“行为基础丧失理论”处理情势变更问题。其背景为：20 世纪上半叶，德国因两次世界大战造成经济社会发生大幅改变。若继续坚持契约严守原则将严重侵害当事人之间的公平正义，帝国法院因此采纳了“经济不能”的概念，并临时性适用于不可抗力规则相同的法律效果对经济不能进行救济。所谓经济不能，指超出了义务的困难，亦即给付

① See Ewoud Hondirs, Hans Christoph Grigoleit, *Unexpected Circumstances in European Contract Law*, Cambridge University Press, 2011, pp.4–5.

② 参见王利明：《合同法研究》（第 3 版），中国人民大学出版社 2009 年版；崔建远：《合同法》（第 6 版），北京大学出版社 2016 年版。

③ 参见崔建远：《合同法》（第 6 版），北京大学出版社 2016 年版。

的实现虽然可能，但是给付的实现在诚实信用原则上，只有当债务人在其原来负担的义务之外再作出牺牲或者付出方属可能，这样使得给付的实现存在巨大困难。[①]经济不能处理问题只是一时之策，主张“不能”需要通过法院的认可，其结果是合同自动解除，且事实上大量案例表明合同解除的“结果”并不符合任何一方当事人的意愿。[②]基于此，厄尔特曼教授参考“情势不变条款”理论及“前提假设论”提出了“行为基础说”。所谓行为基础，是指（交易）行为缔结之际表现出来的，且当时相对人明知这种前提观念的重要性而未作反对表示的一方当事人的前提观念（预想），或者多方当事人共通的前提观念，是行为意思得以构筑其上的、对于特定情事的存在或者发生所具有的前提观念。[③]此后，德国学者拉伦茨在此基础上提出“修正行为基础说”，将行为基础区分为主观的行为基础和客观的行为基础，前者是指在合同缔结过程中表明了的且对双方当事人动机的形成发挥一定作用的前提观念；后者是指当事人在达成合同时并未想到的情事。[④]

法国民法一直严格区分履行艰难和履行不能。英国学者边沁对社会契约论的批判试图以社会服从代替契约。法国民法在通过不可抗力规则对履行不能进行救济的同时，明确拒绝对履行艰难的救济，从而排斥了情势变更规则的适用。《法国民法典》中规定了不可抗力条款，但是并没有对情势变更作出规定。反而是法国最高行政法院对行政协议中的履行艰难进行了救济，这就是著名的“瓦斯提供案”。[⑤]该案中，法国最高行政法院明确了对履行艰难的救济，并且开创性地在行政协议中确立了“不可预见理论”。但是“不可预见理论”由于不能主

---

① 参见韩世远:《情事变更原则研究》，载《中外法学》2000 年第 4 期。

② See B. S. Markesinis, W. Lorenz & G. Dannemann, *The Law of Contracts and Restitution: A Comparative Introduction*, in The German Law of Obligations 523 Vol. I (1997).

③ 参见韩世远:《合同法总论》，法律出版社 2004 年版，第 439 页。

④ [德]卡尔·拉伦茨:《行为基础与合同的履行》，[日]神田博司、吉田丰译，第 29 页。转引自韩世远:《合同法总论》，法律出版社 2004 年版，第 440 页。

⑤ 瓦斯提供案中，原告与地方政府签订供给瓦斯的协议，但由于战争爆发导致煤价大幅上涨，原告基于此要求提高收购价。

动执行而只能依靠法院的认可和适用，因此情势变更规则目前在法国民事领域尚未获得认可。

虽然《德国民法典》《法国民法典》等均未规定情势变更条款，但合同履行中因客观情况发生巨变致使若按照原合同继续履行将出现显失公平的问题，除情势变更规则外无法得到有效解决。德国通过判例的方式重新确立了情势变更规则。法国目前已经将部分契约类型可以由法院调整的规定修订入民法典。在情势变更发生时，法院赋予当事人重新协商的义务。由此可见，履行艰难适用情势变更规则救济是未来的发展趋势。

2. 英美法系国家

英美法上解决情势变更问题同样是一个逐渐发展的过程。1647 年的 Paradine *v.* Jane 判例首次确立了合同的严格责任，该规则一直到 19 世纪中叶才被现代合同落空原理所修正。法院之所以对当事人的约定义务适用作出如此严格的制度，是因为法院认为缔约主体完全可以通过民事条款的方式对意外情事进行约定。如果其主动承担了绝对的、无条件的义务，那么该方就不能仅仅因为结果对其不利进行救济。正如霍姆斯法官所说，法律并不追究允诺方完成履行的能力。若允诺明天应该下雨，对允诺方产生的法律效果是允诺方承担了风险，这与交付一包棉花相比没有差别。①

法院对合同落空初见于 1863 年的“租用音乐厅案”②，该案中，法院认为因不可归责于双方当事人的事由致使合同标的物灭失，当事人可以免责。英美法系则自“泰勒诉考德威尔案”及 1903 年“克雷尔诉亨利案”③中确立了包含“不能履行”（impossibility）和“合同落空”（frustration）原则的合同落空制度，从而解决了因客观条件导致的合同不能履行及履行显失公平的问题。

---

① See Ewan McKendrick, *Force Majeure and Frustration of Contract (2nd), Lloyd's of London Press LTD. (1995).*

② See Taylor *v.* Caldwell (1863) 3 B & S. 826 (1863). 后文称为“泰勒诉考德威尔案”。

③ See Krell *v.* Herry 2KB 740 (1903).

3. 中国法律中的情势变更规则

所谓情势变更，是指合同有效成立后，因当事人不可预见的事情的发生或不可归责于双方当事人的原因发生情势变更，导致合同的基础动摇或丧失，若继续维持合同原有效力则有悖于诚实信用原则（显失公平）时，则应允许变更合同的内容或者解除合同的法理。究其实质，情势变更规则为诚实信用原则的具体适用，目的在于消除合同因情势变更所产生的不公平后果。[①] 情势变更的适用条件可总结为：须有情势变更的事实；情势变更发生在合同成立以后但履行完毕之前；情势变更的发生事由不归结为当事人所为；情势变更具有不可预见性；须情势变更使履行原合同显失公平或不能实现合同目的。[②]

在我国，最初情势变更规则并未规定在《合同法》之中。《民法典》出台前，我国《合同法》第 117 条、第 118 条及第 94 条第一项对“不可抗力”进行了规定，而《合同法司法解释（二）》第 26 条对情势变更进行了规定，这在法律规范上导致了情势变更和不可抗力的“二分”。根据全国人大宪法和法律委员会《关于合同法草案审议结果的报告》，情势变更规则未被立法者所接纳的原因在于：有学者提出，由于不可抗力的客观表现在一定程度上与情势变更以同样的事实原因出现，某一事件既可能引起不可抗力，也可能构成情势变更。二者的区分取决于其对合同履行的影响程度，这种重叠性使不可抗力与情势变更的关系难以划清。[③]《民法典》出台后，情势变更条款为第 533 条和第 580 条第 2 款履行请求权排除致使不能实现合同目的的情形事实上，二者的重叠性仍无法严格区分。

虽然国际主流观点认为被免责的“障碍”（impediment）应该包含“艰难情形”（hardship），[④] 国际货物销售合同公约咨询委员会在此问题上也持相同立场，

---

① 梁慧星：《中国民法经济法诸问题》，中国法制出版社 1999 年版，第 170 页。转引自韩世远：《合同法总论》（第 4 版），法律出版社 2018 年版，第 488 页。

② 参见韩世远：《合同法总论》（第 4 版），法律出版社 2018 年版，第 504–507 页。

③ 参见曹守晔：《最高人民法院〈关于适用〈中华人民共和国合同法〉若干问题的解释（二）〉之情势变更问题的理解与适用》，载《法律适用》2009 年第 8 期。

④ 参见《联合国国际货物销售合同公约》（CISG）（1980 年）第 79 条。

但像我国对不可抗力和情势变更的二元划分也并非独创。① 须注意，不可抗力与情势变更也并非决然二分的，② 但是其法律效果具有差异性。我国《合同法》对不可抗力的规定主要产生免责事由和解除事由两种效果，而司法解释对情势变更的规定在效果层面导向合同的变更或解除。因此，虽然学理上多将其承认为免责事由，但事实上情势变更不是一个法定的免责事由。在我国的司法实践中，《民法典》出台前，部分情势变更的案件裁判援引《合同法》第 94 条第 5 项作为解除合同的法律依据。③ 但是，正如前述，情势变更在我国并不是一个法定的免责事由，法院援引《合同法》第 94 条第 5 项作为裁判依据，但并未明确指出"法律规定的其他情形"究竟指什么。④ 从裁判文书看，前述两个案件应该是因情势变更而解除合同，可认为是《合同法司法解释（二）》第 26 条。严格来说，司法解释并不是法律，因此是否符合《合同法》第 94 条第 5 项所规定的"法律"仍存在疑义。崔建远教授认为，"情事"泛指作为合同成立基础或环境的客观情况，包括不可抗力。最高人民法院的本意可能在于有意识地区分

① 参见国际统一私法协会《国际商事合同通则》（PICC）（2010 年）第 6.2.2 条和 7.1.7 条，其中第 6.2.2 条对艰难情形进行描述，而第 7.1.7 条对不可抗力进行了规定；欧洲《共同参考框架草案》（DCFR）第Ⅲ.–1:110 和第Ⅲ.–3:104 条。

② 参见成都鹏伟实业有限公司与江西省永修县人民政府、永修县鄱阳湖采砂管理工作领导小组办公室采矿权纠纷案，载《最高人民法院公报》2010 年第 4 期。

③ 如"叶某诉潘某房屋买卖合同纠纷案"中，法院认为，"原告以客观上受限购令政策之影响致无法继续履行合同为由要求解除合同，由于是因不可归责当事人双方的事由，本院予以支持"。依据《合同法》第 94 条第 5 项作出裁判。参见上海市松江区人民法院民事判决书（2011）松民三（民）初字第 1526 号。又如，"赵某诉张某琴房屋买卖合同纠纷上诉案"中，法院认为，"从深圳市国土资源和房产管理局出具的《退文通知书》可以确定，造成本次房屋交易最终无法继续履行的根本原因是国家房地产调控政策的变动，而非本案双方当事人的违约行为所致。原审判决认定涉案《二手房买卖合同》不能继续履行不可归责于任何一方，进而判令解除合同并无不当，本院依法维持"。同样，也依据《合同法》第 94 条第 5 项作出裁判。参见广东省深圳市中级人民法院民事判决书（2011）深中法民五终字第 781 号。

④ 《合同法》第 94 条："有下列情形之一的，当事人可以解除合同：因不可抗力致使不能实现合同目的；在履行期限届满之前，当事人一方明确表示或者以自己的行为表明不履行主要债务；当事人一方迟延履行主要债务，经催告后在合理期限内仍未履行；当事人一方迟延履行债务或者有其他违约行为致使不能实现合同目的；法律规定的其他情形。"

不可抗力规则和情势变更规则，但是由于尚未真正界分二者反而有弄巧成拙之嫌，不适当地缩小了情势变更规则的适用范围。[①] 梁慧星教授认为，虽然不可抗力和情势变更均能导致履行障碍，但是程度不同。不可抗力规则的适用以构成履行不能为前提，而情势变更规则救济履行艰难的情形。[②]

陈俊生在其《论行政合同中的情势变更原则》一文中认为，情势变更原则与法律行为基础理论存在从私法到公法的演变，并且应当适用于我国行政合同领域。[③] 情势变更规则与行政合同中行政机关单方变更、解除权并非一种简单的并列关系，而是存在交叉混合的关系。行政机关运用情势变更规则时受到信赖利益保护原则的制约，在进行利益衡量时除了相对人的直接利益还应包括信赖利益。郑艳在《私法原则在行政合同制度中的适用与超越——一个认识行政合同的新视角》一文中提及，大陆法系国家行政合同中蕴含部分私法原则，其中便包含情势变更规则，并举例法国行政合同制度中因不可预见等因素而双方当事人都可根据情势变更拥有合同的变更或解除权。[④]

（三）小结

通过梳理我国行政协议单方变更权、解除权和民事合同情势变更规则的相关研究，不难发现虽然事实上行政协议的单方变更权、解除权，甚至更进一步说行政机关在行政协议中享有的优益权已成为行政法学界的共识，但仍缺乏强有力的理论支撑，因而也极易受到民法学者对此的非议。如崔建远教授认为，行政合同天然地含有优益权，因而无须法律以一个一个条文明确授权，行政机关就可以不征求相对人的意见而径自行使行政优益权。这也就意味着行政机关

① 参见崔建远主编：《合同法》（第5版），法律出版社2010年版，第129页。

② 参见梁慧星：《民法学说判例与立法研究（二）》，国家行政学院出版社1999年版，第191页。

③ 参见陈俊生：《论行政合同中的情势变更原则》，载《东南法学》2018年第1期。

④ 参见郑艳：《私法原则在行政合同制度中的适用与超越——一个认识行政合同的新视角》，载《行政法学研究》2000年第4期。

单方面变更、废止合同远比依据民商法处理来得容易。[①] 因而也有许多民法学者怀疑行政协议的存在，主张全部适用民事合同。只有论证行政协议中单方变更权、解除权的正当性，才能从根本上论证行政协议的存在。

我国的行政协议法律体系构建正处于初步阶段，然而行政协议已成为行政机关完成行政任务、提供公共服务必不可少的方式。由于目前对行政协议的法律规定较少，司法实践中虽承认民事规则在行政协议中的运用，但法官如何运用以及是否恰当运用都存在一定的疑问。以民事合同中的情势变更规则为例，虽然该原则在学说上得到普遍承认，但在民事合同案件审理及行政协议案件审理过程中，民事合同之间有关情势变更的判决依据就不尽相同。观之行政协议案件的审理，情势变更规则更是与单方变更权、解除权相互交杂、极易混淆。因此，厘清情势变更规则与单方变更权、解除权之间的层级关系显得至关重要。

在厘清情势变更与单方变更权、解除权的关系后，法院如何就行政机关对行政协议实施单方变更权、解除权的行政裁量作出司法审查，这是我们需要进一步研究的议题。通过对民事合同中的情势变更与行政协议中单方变更权、解除权的理论背景、依据的对比分析，并以二者的相同与不同为切入点，则可以论证影响司法审查的可能因素，探寻合同“确定性”与“可变性”之间张力的控制变量，从而构建我国行政协议单方变更权、解除权的法律。

三、研究方法

（一）比较分析法

在当今推进全球治理法治化的大背景下，任何一个法律问题、一个部门法律的发展都可以与其他国家和地区进行比较分析研究，可以说，其他国家和地区的理论与实践经验都将引发人们新的思考。我国的行政协议研究自行政部门

---

① 参见崔建远:《行政合同族的边界及其确定根据》，载《环球法律评论》2017 年第 4 期。

治理方式的转变而开始，我国学者吸收了法、德等多国的行政法理论，进行本国的理论构建，其中行政优益权的概念更是借鉴了法国行政协议的理论。然而，域外的理论“种子”如何在本土生根发芽，是我们需要进一步分析研究的问题。由于行政优益权源自法国，因此学界针对单方变更权、解除权的研究绝大多数都是基于法国行政法、德国行政法进行分析研究，而笔者出于语言的限制，无法通过一手资料研究法国行政协议及德国行政协议，而只能借助二手资料，甚至三手资料进行研究。这无疑是研究的一大缺憾。

然而，通过对英国政府合同、美国政府合同中政府特权，如裁量权的系统梳理及判例分析，将英、美的政府合同中政府特权进行分门别类的论述，这恰恰是我国法学界前辈基本上未涉足的一点，也正是本文的亮点所在。当前，由于我国大陆法系与英美法系的历史文化、社会条件、法律技术等具有较大差异，我国的行政协议理论构建较少地借鉴与运用英美法系的相关概念、理论。换言之，我国的法律体系与美国的法律体系大相径庭。但这并不意味着不同法系的国家之间就完全没有可相互借鉴之处，或同一法系的国家之间制度就完全相同。

笔者试图对德法行政协议及英美政府合同的域外理论和制度进行考察，通过对不同国家和地区的理论与实务特点的比较，从而分析、探究其背后的社会、经济、文化传统。同时，对不同法系国家之间、不同内涵的核心概念进行分析研究，从而发现行政协议（政府合同）制度发展的共通性和普遍性，以期对我国行政协议制度的构建提供参考。

（二）实证分析法

行政法学的核心任务是“从具体的实定法规中找出行政法规所承认的行政手段的特殊性及行政的特权，并将其引向体系化的认识”[①]。行政协议正是“实践导向”的产物，而实证研究是必需的方法之一。我们应该通过梳理相关国家和地区有关行政协议、行政协议单方变更权、解除权的法律规定，观察其现实

① 参见杨建顺:《日本行政法通论》，中国法制出版社 1998 年版，第 77 页。

运作，总结行政协议立法和法院实践的若干模式，并关注这些不同模式形成的主要原因。具体来说，对于行政协议单方变更权、解除权的正当性、适用条件、行政协议履行不能的赔偿及补偿等重要问题的研究，都需要对相关国家和地区立法和实践加以认真考察，分析其优势和问题，准确把握行政协议（政府合同）单方变更权、解除权的发展和运行的实然状态。

（三）案例调研法

若欲说明行政协议单方变更权、解除权的适用条件问题则须从实际的案例出发，对比美国政府合同和我国行政协议的法院判决进行归纳总结。笔者欲通过对 2016—2023 年“中国裁判文书网”有关行政协议的判决书的梳理，总结出我国法院对于行政协议单方变更权、解除权的适用条件认定。

第二章
我国行政协议的范围与类别

行政协议中单方变更、解除权的混乱首先源于我国行政协议范围和种类的不明。正如美国学者博登海默所言，“没有限定严格的概念，我们便不能清楚和理性地思考法律问题”①。因此，若要明晰行政协议中单方变更权、解除权的性质和适用，我们需要首先明确我国行政协议的范围、种类。本章第一节从比较法上的行政协议出发，梳理法国行政协议、德国行政合同以及美国联邦政府合同的范围、类别及其识别标准、路径问题。第二节立足我国现实，梳理我国行政协议的定义和种类，并对我国主要行政协议种类予以分述。第三节从理论入手，在综合借鉴比较法分类基础上，代入第二节所探讨的我国实定法层面的各类别行政协议，回顾我国行政协议的识别标准、构建我国行政协议的类别化模型。

第一节　域外法上的行政协议

一、法国行政协议

（一）法国行政协议的历史发展

早在 19 世纪，法国就出现了行政协议的雏形。早期的法国行政协议分为工

① 参见 [美] 博登海默:《法理学：法律哲学与法律方法》，邓正来译，中国政法大学出版社 2004 年版，第 504 页。

程合同、军事采购合同、国家必需品订购合同三种。1900 年以后，随着社会经济的不断发展变化，法国法上行政协议的范围也在逐步扩大。[①]1946 年 7 月 17 日，法国颁布公共合同法典，将行政协议分为公共采购、公共工程、公共服务供应三大类合同。[②] 目前法国行政协议可分为公共合同、公共服务委托管理合同、公务人员招聘合同、国家与地方政府合作合同等，且行政协议的范围随着公共服务范围的扩张而呈现逐步扩大的趋势。[③]

法国行政协议的理论内涵建立在法国学者狄骥的公务学说上。根据狄骥的公务学说，现代公法的基础在于组织，而政府在其中承担组织公用事业并保证公用事业正常、不间断发生效用的功能。[④] 在此学说的基础上，法国行政机关签订的协议可分为私法合同（民事合同）与公法合同（行政协议）两大类，其中私法合同是指行政机关经常缔结的和私人合同关系相同的合同，包括购买办公用品、租赁办公房屋等；公法合同是指行政机关缔结的与私人之间合同关系不同的合同，包括公共工程承包合同、公共工程捐助合同、公务特许合同、独占使用共用公产合同、出卖国有不动产合同等。[⑤] 当前法国行政协议广泛应用于经济发展和资源开发两方面，政府通过与私人主体签订行政协议，要求私主体承担一定的任务或对其提供一定的援助，从而实现政府执行经济计划的职能。[⑥]

（二）法国行政协议的特征

既然法国行政机关可同时订立私法合同与公法合同两种性质截然不同的合

---

① 参见［法］罗朗・里歇：《法国的行政合同及其法律适用规则》，载杨解君主编：《法国行政合同》，复旦大学出版社 2009 年版，第 5 页。

② 参见杨蔚林：《法国公共合同法典的改革》，载赵海峰、卢建平主编：《欧洲法通讯》（第 2 辑），法律出版社 2001 年版，第 210 页。

③ 参见张海鹏：《民事合同与行政合同的区分与关联》，中国政法大学出版社 2018 年版，第 77 页。

④ 参见［法］狄骥：《公法的变迁》，郑戈译，商务印书馆 2013 年版，第 42–46 页。

⑤ 参见王名扬：《法国行政法》，北京大学出版社 2016 年版，第 143 页。

⑥ 政府执行的这种经济计划是对传统执行计划方式的一种突破，被称为政府的合同政策。参见王名扬：《法国行政法》，北京大学出版社 2016 年版，第 144 页。

同，那么二者区分的标准就显得至关重要了。原因在于，法国作为大陆法系国家，不仅有着公法和私法的二元划分基础，还有着普通法院与行政法院的司法职能划分。因此其私法合同除在合同订立的权限和程序方面受到行政法支配外，合同本身受到普通法院的管辖，而公法合同的法律关系和诉讼关系均受到行政法院的管辖。

法国行政法院认为若认定某一合同为行政协议时，必须同时满足以下几个标准：首先，合同的一方当事人必须是行政主体。一般认为，行政协议的一方当事人须为国家、地方团体和公务法人。但这个标准并不是绝对的，公私合营公司或私人作为公务法人的代理人与私主体签订的高速公路、国有公路建设合同等也被行政法院认定为行政协议。其次，合同的目的在于直接执行公务。如前所述，法国行政协议的理论基础是公务学说，因而行政机关签订行政协议的目的在于执行公务。但同时应注意到，“执行公务”的说法比较广泛，若将其作宽泛理解显然将行政协议的范围无限扩大。因此，法国行政法院强调必须是直接执行公务的合同方可认定为行政协议，具体包括合同的当事人直接参加公务的执行、合同本身是执行公务的一种方式两种类别。最后，该合同有超越私法的制度或规则。行政协议与执行公务活动直接、密切相关，因而其本身在订立方式及具体条款内容中应显示出与一般民事合同的不同之处，这也是法国行政法院判断行政协议的标准之一。一般而言，协议订立程序的不同更为容易判断，如法国电力国有化后，电力企业与法国电力公司签订供应合同，若双方有分歧则交由部长决定。然而，较为复杂的问题在于合同条款中是否规定私法以外的规则，如合同条款中给予行政机关某些特权抑或在合同中规定当事人对第三者享有某些特权。这些内容均表现出双方当事人意图在私法规则之外，通过约定的方式构建超越私法的规则。

法国行政协议与民事合同最大的区别表现在合同的履行上。民事合同在合同履行中遵循的原则是当事人地位平等、合同义务必须遵守、未经双方同意合同条款不能变更原则。与之形成鲜明对比的是，法国行政协议中行政主体的特权与对方当事人的义务在公共利益原则和经济利益平衡原则的前提基础上，有着不同的表现形式。行政主体的特权就是我们上文中所提及的“行政优益权”，包括要求对方当事人履行义务权、对合同履行指挥权、单方面变更合同标的权、单方面解除合同权、制裁权五个方面。[①] 在此特别强调的是，法国行政协议中对方当事人的权利内容可看作与行政机关的特权一一对应。第一，对方当事人有取得报酬的权利。这是行政协议中对方当事人最为基础的权利，这种报酬不仅包括金钱报酬，还包括合同中规定的给予当事人利用行政主体公产、设备、资料的权利，以及合同内容中规定的价金以外的如贷款、津贴、担保、减轻或免除赋税等经济利益。当事人取得报酬的权利是行政协议中对方当事人最基本的权利，因而有关该权利的条款是不允许行政主体单方予以变更的。第二，当事人损害赔偿请求权。这项权利是针对行政机关的过错行为而言的，即对方当事人合法权益受到行政机关的过错行为损害时，可以请求法院判决行政主体赔偿损失。第三，当事人的补偿请求权。补偿请求权与损害赔偿请求权不同，主要分为不可预见的物质困难补偿权、不可预见的情况补偿权和“王之行为”补偿权。第四，必要或有益的额外费用偿还请求权。这项权利是指对方当事人在合同履行中若向行政机关提供了额外的、非必要的给付义务时，请求行政主体在受益限度内偿还该部分费用的权利，类似民法上的不当得利。[②]

（三）法国行政协议的识别标准和类别

法国民事合同与行政协议的划分通常有两个标准：其一为法律规定标准，即法律明文规定某些合同属于行政协议的范畴；其二为司法判例标准，即由行政法院通过判例所确定的行政协议识别标准。

首先是法律规定标准。法国法律明文规定的行政协议为公共工程合同、公共采购合同与公产占用合同三大类。其中公共工程合同是法国行政协议最为重要的组成部分，早在 1799 年就由法国《行政区域划分法》明确规定此类合同争

---

① 参见王名扬:《法国行政法》，北京大学出版社 2016 年版，第 151–153 页。

② 参见王名扬:《法国行政法》，北京大学出版社 2016 年版，第 154–157 页。

议由总督府之咨议会（地方行政法院前身）管辖。①

其次是司法判例标准。根据法国行政法院的相关判例，行政协议的认定包括形式和实质两个要件。其中形式要件是指行政协议须有一方当事人为公法上享有权利、承担义务的公务法人；实质要件是指合同的内容须涉及公共服务事项或合同条款包括私法规则以外的条款。可以说，法国行政协议根据实质要件将一切以满足公共利益为目的的活动、业务均拢入公共服务事项。因而从合同内容进行划分，法国行政协议可分为公共合同、公共服务委托合同和狭义公私协力合同三大类。其中公共合同包含公共工程合同、政府采购商品合同、政府采购服务合同。公共服务的委托合同包括公共服务的特许合同、收益性公共设施管理委托合同、行政不动产长期租赁合同、一般收益性业务委托合同和单纯的业务委托合同。②

陈世民先生则将法国行政协议根据其涉及领域的不同分为了以下六个方面：第一，以合同作为公权力行使方式；第二，有关社会法的合同；第三，在经济及财政方面的合同；第四，国土规划合同；第五，教育文化合同；第六，国际关系合同。③

须再次强调，法国行政协议制度以其公共服务理念为基础，以二元司法体系和判例法为主的行政法为依托，具有独特的理论背景和制度结构。因此一开始确定行政协议范围时是以法院的管辖权进行划分的，这就意味着法国行政合同的前身是民事合同，而之所以叫公法合同是因为其归属行政法院管辖。④

---

① 参见陈世民：《行政契约认定标准之探讨——以“台北市犬猫绝育特约动物医院契约”为例》，载《铭传大学法学论丛》2009 年第 11 期。

② 参见张惠东：《法国行政契约之履行——比较法国行政契约法》，载《立宪国家之课题与挑战：许志雄教授六秩华诞祝寿论文集》，元照出版公司 2013 年，第 774–814 页。

③ 参见陈世民：《行政契约广泛适用于公权力领域的可行性及风险预防之研究》，载《铭传大学法学论丛》2010 年第 14 期。

④ 参见余凌云：《行政契约论》（第 2 版），中国人民大学出版社 2006 年版，第 308 页。

二、德国行政合同

（一）德国行政合同的历史发展

德国的公法体系是围绕行政权力进行建构的，侧重行政权的合法性和公法限制。因此，行政合同这个概念在二战前的德国一直没能得到认可，甚至德国行政法学家奥托·迈耶从根本上否定国家与人民之间订立行政合同的可能性。德国对行政合同的这种严格态度一直到 1930 年《符腾堡邦行政法典》才开始转变。[①] 德国在借鉴了法国行政协议相关内容的基础上，通过立法的方式对行政合同予以确定。1976 年德国在《联邦行政程序法》中规定了公法合同，在法律上肯定了行政合同的存在。

随着公私合作的兴起，德国的行政合同理论不断受到冲击。例如，公私合作合同既有公权力行政领域的公法合同，也有私经济行政领域的私法合同，如何对这种横跨公私法性质的合同予以规制，德国行政法学者以及德国立法机关均提出了不同的解决方案。如休培特教授发表意见书，认为应当在现有行政合同框架下，在行政程序法中补充条款，从而保证现行规范结构的完整性。休培特教授的方案是一种温和、保守的解决方案，即建立在现有行政合同规范的基础上，通过增添“与私人合作”的内容，作为行政合作法的基本规范。[②] 与休培特教授保守的态度相对比的是，齐科夫教授对于行政程序法有关行政合作法规范的修订，认为该适用范围不应限缩在公法领域内，而应当以合作合同的性质具体判断适用公法规范还是私法规范。基于此，齐科夫教授建议将《联邦行政程序法》公法合同内容改为“公共任务履行的合作完成”，并增设“与私人的

① 参见黄锦堂:《行政契约法主要适用问题之研究》，载《行政契约与新行政法》，元照出版社 2002 年版，第 5 页。

② 参见张海鹏:《民事合同与行政合同的区分与关联》，中国政法大学出版社 2018 年版，第 86 页。

合作”“行政合作合同”等内容进一步扩展行政合同范围及其相应的责任分配、执行条款等内容。①联邦内政部行政程序法咨询委员会所采取的建议是局部的调整方案。咨询委员会在草案中建议，将具有公法性质的公私合作合同归入原行政程序法的“公法合同”部分，将私法性质的公私合作合同排除在外。这与以上两位学者的观点不同，无论是休培特教授还是齐科夫教授，均主张将公私合作合同独立于公法合同。总体而言，德国学者对公共任务的履行的态度与法国行政法院不同，他们不认为公务的履行必然导致公法合同的缔结，因此公私合作合同也并非全部是公法合同的范畴。德国、法国对行政机关参与的不同类别合同性质认定的不同，归根结底在于行政法基本理念的差异。

（二）德国《联邦行政程序法》对行政合同的界定

根据《联邦行政程序法》第 54 条第 1 款规定，行政合同是指设立、变更和终止公法上的法律关系的合同，该定义通过内容客体对行政合同予以界定。德国的行政合同的理论背景与法国公务理论不同，由于德国行政法强调人的自然权利，德国的行政被划分为公权力行政和私经济行政两个方面，行政合同是公权力行政的范畴，是国家以公权力主体身份从事公权活动的一种方式。因此，在法国被看作行政协议的公共工程、政府采购等合同在德国则属于民事合同的范畴。

（三）德国行政合同识别标准和类别

德国法上的行政合同、民事合同的划分和法国行政协议、民事合同划分的意义相同，决定了合同适用的法律规则、责任规则、执行方式以及发生争议时的法律救济途径等内容。德国对行政、民事合同的区分采用客观标准，即合同的法律性质取决于合同的内容，具体来说就是合同约定的义务或者履行合同的

---

① 参见程明修:《公私协力契约与行政合作法——以德国联邦行政程序法之改革构想为中心》，载《兴大法学》2010 年第 7 期。

处置是否具有公法性质。[①] 因此，根据德国《联邦行政程序法》规定，目的在于执行公法规范、包含行政行为作出或其他职务行为的义务、针对公民公法权利义务的合同均为行政合同。

从学理上进行分析，德国《联邦行政程序法》对行政合同的识别标准采用合同标的说。合同标的说是指合同的性质应当按照合同条款内容进行判断，即若合同内容为设定、变更、消灭公法上的权利、义务关系，则应当为行政合同；若合同内容对公法上的法律关系不具有直接影响，则属于民事合同。在合同标的说的基础上，根据合同内容认定方式的不同又可进一步细分为规范事实说、规范拟制说、特别法说、保留说、行政任务说、前定秩序说等 。[②] 虽然合同标的说具有较强的可执行性，但是单纯以合同内容及其发生的效果来界定，难免在实务中出现行政机关"公法向私法的逃逸"，如行政机关通过订立土地买卖合同来实现其公用征收活动的目的。这种行政机关以私法方式实现公法目的的活动，无疑给社会秩序、相对人合法权益造成隐患。因此，除合同标的说外，德国还综合合同目的说、合同主体说、符合标准说等多个学说。

从德国法的划分标准我们可以看出，德国行政合同的范围较之法国行政协议更为狭窄。根据分类标准的不同，德国行政合同可以分为以下几种类别：首先，以签订合同的当事人之间的关系为标准分类，可分为对等权合同和主从权合同。对等权合同是指原则上地位相同的合同当事人之间，特别是具有权利能力的行政主体之间签订的合同，针对不能通过行政行为处理的法律关系。主从权合同是指具有命令—服从关系当事人之间，即行政机关为一方、公民或者其他位于行政管理之下的法人为另一方签订的合同。其次，从合同的客体进行分类，可分为义务合同和处置合同。义务合同是指合同确定一方或者双方当事人的给付义务，另一方当事人享有履行相应给付义务请求权的合同。处置合同则

---

① 参见［德］哈特穆特·毛雷尔:《行政法学总论》，高家伟译，法律出版社 2000 年版，第 350 页。

② 参见张海鹏:《民事合同与行政合同的区分与关联》，中国政法大学出版社 2018 年版，第 132–135 页。

是在履行合同义务、法定义务或者具有其他根据的义务时，直接引起权利变更的合同。最后，根据联邦程序法的规定，德国行政合同还有两种特殊类别，即和解合同和双务合同。和解合同与双务合同作为程序法规定的行政合同，显然与上述两种分类不在一个维度进行讨论。和解合同与双务合同可能是对等权合同，也可能是主从权合同。[①]

三、美国联邦政府合同

（一）美国联邦政府合同的历史发展

我们一般认为英、美作为普通法系国家，其法律规范上没有公、私法的二元划分结构，不存在大陆法系国家德国、法国对公法合同与私法合同的区分。因此，英美法上的政府合同是以普通法为本位的。然而事实上以美国为例，政府参与的合同被称之为政府合同（government contract），根据政府的具体角色分为联邦政府合同（federal government contract）和州政府合同（state government contract）。因美国各州政府合同受到州法的调整而有所差异，因此下文主要以联邦政府合同为例予以介绍。

联邦政府合同的历史最早可以追溯至美国建国之时，在此后相当长的时间内，政府合同被用来进行军事物资的采购。在美国独立战争中，由于相关规范的欠缺，当时的采购活动显得十分原始且问题层出不穷，如未经授权的官员进行采购活动、暴利、供应不足、管理混乱等。直至 1775 年 6 月第二次大陆会议控制了军队后，方任命一部分人员专门进行军需物品的采购。但由于当时殖民者对革命军货币的抵制等原因，相关供应品采购仍面临极其艰难的局面。1779 年随着通货膨胀和物价上涨，国会将为军队提供食品、用品的责任加诸各州义务上，然而这项举措因难以实现而被废止。后在 1781 年夏，随着中央权力的

① 参见 [德] 哈特穆特·毛雷尔:《行政法学总论》，高家伟译，法律出版社 2000 年版，第 350、353-356 页。

不断加强，该情形方得到改善。金融家 Robert Morris 提出可通过签订粮食合同为军队提供粮食，相应合同的争议可交由仲裁予以解决。针对粮食不足的问题，国会应按照合同商（contractor）所付费用予以承担。[①] 至此，美国联邦政府合同初现。

虽然美国《宪法》中没有任何一个条款对政府合同作出具体规定，但是美国最高法院通过判例的方式明确，政府合同之中隐含了“主权”的概念，即政府合同中，行政机关的身份可以看作“主权者”。[②] 此外，根据美国《宪法》第 1 条第 9 款之规定，政府合同中的资金拨付须通过国会进行，这也暗含了国会对政府合同的控制权。

二战期间，美国政府意识到战争的爆发将导致和平时期的所有政策均可能不具实践性，因此 1940 年，罗斯福总统宣布国家进入“紧急状态”，并且建立了紧急管理办公室，以管理涉及陆军和海军的合同。后在 1942 年 1 月，通过 9024 号行政令明确规定了战争生产委员会主席（Chairman of the War Production Board）有权决定战争中的生产、政策、计划、程序等多方面内容，陆军、海军委员会须就合同等问题向该主席负责。须指出，此时的政府合同中，基本不存在双方协商的空间，直到 1941 年 12 月美国国会通过《第一战争权力法》（First War Powers Act），其中第 2 条规定方使政府与私人之间的协商成为可能。[③]1947 年，随着战争的结束和《第一战争权力法》的失效，美国国会根据非战时的需要，制定了更为灵活的《武装部队采购法》（The Armed Services Procurement Act of 1947）对政府合同进行调控。可以说，直至 20 世纪中期，美国政府合同的内容仍限于军队的日常物资、医疗用品等方面的采购。

20 世纪五六十年代开始，美国政府合同开始从军用物资扩展到太空等领

① See John W. Whelan, Robert S. Pasley, *Cases and Materials on Federal Government Contracts*, Foundation Press, 1975, p.14–15.

② See United States *v.* Tingey, 39 U.S. 114 (1831).

③ See John W. Whelan, Robert S. Pasley, *Cases and Materials on Federal Government Contracts*, Foundation Press, 1985, p.17–21.

域，联邦政府也开始通过投资工厂、设备等方式参与到限制风险与成本类型的合同[①]之中，从而改变了之前政府与私人签订合同的范围和方式。后随着社会的不断发展，联邦政府越来越多地通过合同的方式参与到社会活动中来，因此政府合同的内容和边界也在不断扩张。

（二）美国联邦政府合同的立法与类别

早在 18 世纪，美国国会就开始制定有关政府合同的法令。在此后的两百余年间，美国有关政府合同的法规、规章有近 500 部。现在，美国的联邦政府合同以《联邦采购条例》（Federal Acquisition Regulation，FAR）[②]为核心，围绕政府合同目标、方法、程序、规则、救济等方面展开，通过分散立法的方式形成了美国联邦政府合同法律体系。《联邦采购条例》于 1983 年 9 月 19 日公布，自 1984 年 4 月 1 日生效。《联邦采购条例》的前身是《武装部队采购法》（Armed Services Procurement Regulation）和《联邦政府采购条例》（Federal Procurement Regulation），其在此二者基础上对政府合同相关规定进行了修改与完善。

根据《联邦采购条例》规定，该条例适用于除美国邮政、联邦航空管理局、田纳西河谷局以及邦纳维尔电力管理局之外的联邦机构采购行为。其中第 16 部分规定了联邦政府合同的类型，包括固定价格合同（Fixed-Price Contracts）、费用核销合同（Cost-Reimbursement Contracts）、激励合同（Incentive Contracts）、无交付期限合同（Indefinite-Delivery Contracts）、时间材料工时信函合同（Time-and-Materials, Labor-Hour, and Letter Contracts）五大类政府合同。[③]此外，在这五大类之外，FAR 第 35-42 部分列举了研发合同（Research and Development Contracting）、工程建设合同（Construction and Architect-Engineer Contracts）、服务合同（Service Contracting）、联邦定期采购合同（Federal Supply Schedule

① Risk-limiting and cost-type contract.

② Federal Acquisition Regulation (Dec.8, 2020), https://www.acquisition.gov/browse/index/far，2024 年 6 月 20 日访问。

③ See Federal Acquisition Regulation, Part 16, Types of Contracts (Dec.8, 2020), https://www.acquisition.gov/far/part-16#FAR_Subpart_16_7，2024 年 6 月 20 日访问。

Contracting)、信息技术采购合同(Acquisition of Information and Technology)、公共设施服务采购合同(Acquisition of Utility Services)。[①]

(三)美国联邦政府合同的特点

即便普通法系国家没有“行政协议”的概念，美国的联邦政府合同与普通民事合同(private contract)之间仍存在一定的差异性，具体表现在以下五个方面。

第一，合同内容的限定。与普通合同不同，政府合同的内容须在行政机关职权范围之内。从这个方面来看，美国联邦政府合同与大陆法系国家的行政协议一样，均以法律赋予行政机关的职权为限。美国法院认为，政府的性质不会因其与私人订立合同而发生改变，相反，无论政府采用何种方式进行行政活动，任何人在与政府进行交易等活动中，均以政府的合法行政作为其基本活动依据。换言之，国会立法对政府权限的设定，就是政府合同最基础的条件。[②]

第二，政府合同须以法规和规范对其的相关规定为基本准则。联邦政府合同不同于普通的民事合同，其有专门的制定法依据。如1947年的《军事采购法》(Armed Services Procurement Act)、1949年的《联邦财产与行政服务法》(Federal Property and Administrative Services Act)以及1984年的《缔约竞争法》(Competition in Contracting Act)、《联邦采购政策办公室法》(the Office of Federal Policy Act)、《联邦采购条例》(Federal Acquisition Regulation)。以上这些法律均对政府合同的程序、效力等方面作出规定。因此，政府合同本身在履行过程中应首先满足制定法的相应规定，若合同履行中出现了与法律、规范相应规定不符的情形，即使双方当事人通过合同予以约定，法院仍不会支持行政机关的行为。[③]

---

① Contract Administration and Audit Services (Dec.8, 2020), https://www.acquisition.gov/far/part-42，2024年6月20日访问。

② See Utah Power & Light Co. *v*. United States, 243 U.S. 389,409, 37 S. Ct. 387, 391, 61 L. Ed. 791.

③ See United States *v*. American Renaissance Lines, Inc., 161 App. D.C. 140, 494 F.2d 1059 (1974).

第三，政府合同是行政机关执行公共政策的手段。一般认为，国会有权通过政府合同或子合同的方式实现其公共管理的目的，而这就赋予美国联邦政府合同一种天然的行政性，即无论政府合同中是否明确提及某项公共政策，该合同均可被看作具有公共政策属性。须注意，这里的权力主体特指国会，总统若想通过政府合同的方式实现政策性目标则须受到较多限制。①

第四，政府合同的救济方式的差异。美国联邦政府合同有关救济最核心的规定是通过 United States *v.* Sherwood 案②确立的“主权豁免合同诉讼”（Sovereign Immunity and Suits on Contracts），即作为主权国家的代表，除非美国联邦政府同意，否则不能对其提起诉讼，且政府对该权力的放弃必须通过明示的方式。除法院的认可外，该规则还体现在《联邦侵权赔偿法》之中，③以及对政府合同规制的《塔克法案》（Tacker Act）④和《行政程序法》（Administrative Procedure Act）⑤。当然，这个规则并不适用于所有合同之中。在政府作为“私人主体”而签订的合同中，并不存在该规则的适用可能。正如最高法院在 United States *v.* Testan 案中所指出的，“主权豁免原则早已确立，政府对该权力的放弃必须通过明示的方式。因此，除非国会同意在具体案件中对美国联邦政府的起诉，否则法院均没有管辖权。”⑥

第五，政府合同的法律适用。美国作为联邦制国家，除了联邦层面的法律外，各州均有立法。因此，政府合同的法律适用问题，根据美国最高法院在 Clearfield Trust Co. *v.* United States 案⑦的判决，应当首先适用联邦有关政府合同的法律而相对排除州法律。须注意，最高法院对各州法律的“排除”态度并非

① See American Federation of Labor and Congress of Industrial Organization *v*. Kahn Et Al, 199 U.S. App.D.C.300, 618 F.2d 784 (1979).

② 312 U.S. 584, 61 S. Ct. 767, 85 L. Ed. 1058 (1941).

③ See Federal Tort Claims Act, 28 U.S.C.A. § 1346 (b), 2671–2680.

④ See 28 U.S.C.A. § 1491.

⑤ See 5 U.S.C.A. § 701–706.

⑥ See United States *v.* Testan, 424 U.S. 392, 399, 96 S. Ct. 948, 47 L.Ed.2d 114 (1976) at “there is no jurisdiction in the Court of Claims more than in any other court to entertain suits against the United States.”

⑦ Clearfield Trust Co. *v*. United States, 318 U.S. 363 63 S.Ct.573,87 L. Ed. 838 (1943).

指完全不予适用州法，而是相对意义上的，即州法可对联邦法在政府合同中起到“补充”的作用。[①]除州立法与联邦立法这种层级上的区分外，美国联邦政府合同是否适用《统一商法典》(Uniform Commercial Code)也是需要明确的问题。一般认为，《统一商法典》第2条规定的如商品买卖的政府合同须受到其调整，而在该条规定调整范围之外的工程建设、服务合同、科研合同等类别的政府合同，可以部分适用《统一商法典》的相关规则。[②]法院对于政府合同法律适用的选择问题不仅基于联邦与州的“层级”考量，还基于法条是否保护了公共利益(Federal Interest)的考量。[③]

第二节　我国立法与司法对行政协议范围、种类的认定

下文将从法律、司法解释、地方性法规、司法裁判四个方面对我国行政协议的范围和种类进行系统梳理、评析。

一、我国有关行政协议范围、种类的法律法规

从实定法层面进行考察，根据《最高人民法院关于审理行政协议案件若干问题的规定》(法释〔2019〕17号，简称《行政协议司法解释》)第1条规定，我们可以认为最高人民法院对行政协议的识别标准采用的是主体、目的、内容相结合的“复合制”衡量标准。[④]此外，《行政协议司法解释》还通过列举的方

① See John W. Whelan, Robert S. Pasley, *Cases and Materials on Federal Government Contracts*, Foundation Press, 1975, p.115.

② See Cudahy Packing Co. *v*. United States, 109 Ct. Cl. 833, 75 F. Supp. 239 (1948).

③ See United States *v*. Kimbell Foods, Inc. 440 U.S. 715 99 S. Ct. 1448,59 L.Ed.2d 711 (1979).

④ 参见《最高人民法院关于审理行政协议案件若干问题的规定》(法释〔2019〕17号，简称《行政协议司法解释》)第1条："行政机关为了实现行政管理或者公共服务目标，与公民、法人或者其他组织协商订立的具有行政法上权利义务内容的协议，属于行政诉讼法第十二条第一款第十一项规定的行政协议。"

式将政府特许经营协议、土地房屋征收征用补偿协议、矿业权等国有自然资源使用权出让协议、政府投资的保障性住房的租赁买卖协议以及符合第 1 条规定的政府与社会资本合作协议归入行政协议的范畴。①

此外，各地方通过行政程序规定也对我国行政协议进行界定及列举。截至 2020 年 12 月 2 日通过在“北大法宝网”以“行政合同”“行政协议”为关键词进行检索，共得到 12 个地方政府规章，其中有 3 个地方政府规章仅对行政协议（行政合同）作出概念性规定，没有具体列举种类；另有 9 个在概念界定之外，还具体列举出行政协议适用之事项。②

表 2.1　地方性法规和地方政府规章对行政协议的界定及列举

规章名称	行政协议概念	行政协议种类
《山东省行政程序规定》（2011.6.22）	行政机关为了维护公共利益，实现行政管理目的，与公民、法人和其他组织之间，经双方意思表示一致达成的协议	（一）政府特许经营；（二）国有自然资源使用权出让；（三）国有资产承包经营、出售或者租赁；（四）公用征收、征用补偿；（五）政府购买公共服务；（六）政策信贷；（七）行政机关委托的科研、咨询；（八）计划生育管理；（九）法律、法规、规章规定可以订立行政合同的其他事项
《西安市行政程序规定》（2013.3.25）	行政机关为了实现行政管理目的，与公民、法人或者其他组织，经双方意思表示一致所达成的协议	—

① 参见《行政协议司法解释》第 2 条：“公民、法人或者其他组织就下列行政协议提起行政诉讼的，人民法院应当依法受理：（一）政府特许经营协议；（二）土地、房屋等征收征用补偿协议；（三）矿业权等国有自然资源使用权出让协议；（四）政府投资的保障性住房的租赁、买卖等协议；（五）符合本规定第一条规定的政府与社会资本合作协议；（六）其他行政协议。”

② 详见表 2.1。

续表

规章名称	行政协议概念	行政协议种类
《邢台市行政程序规定》（2013.10.18）	行政机关为实现行政管理目的，与公民、法人或其他组织之间，经协商一致所达成的协议	（一）政府特许经营；（二）国有土地使用权出让；（三）国有资产承包经营、出售或出租；（四）政府采购；（五）政策信贷；（六）行政机关委托的科研、咨询；（七）行政机关与企业的战略合作；（八）法律、法规、规章规定可订立行政合同的其他事项
《凉山州行政程序规定》（2013.10.28）	行政机关或者其授权机构为了实现公共利益的目的，与公民、法人或者其他组织之间，经双方意思表示一致所达成的协议	（一）政府特许经营；（二）国有自然资源使用权出让；（三）国有资产承包经营、出售或者租赁；（四）政府采购；（五）政策信贷；（六）行政机关委托的科研、咨询；（七）公共工程承包合同、国家大型公共设施建设；（八）法律、法规、规章规定可以订立行政合同的其他公共管理事项
《江苏省行政程序规定》（2015.1.6）	行政机关为了维护公共利益，实现行政管理目的，与公民、法人和其他组织之间，经双方意思表示一致达成的协议	（一）政府特许经营；（二）国有自然资源使用权出让；（三）国有资产承包经营、出售或者租赁；（四）征收、征用补偿；（五）政府采购；（六）政策信贷；（七）行政机关委托的科研、咨询；（八）法律、法规、规章规定可以订立行政合同的其他事项
《宁夏回族自治区行政程序规定》（2015.1.10）	行政机关为了实现行政管理目的，与公民、法人或者其他组织之间，经双方意思表示一致所达成的协议	—
《兰州市行政程序规定》（2015.1.14）	行政机关为了维护公共利益，实现行政管理目的，与公民、法人和其他组织之间，经双方意思表示一致达成的协议	（一）特许经营；（二）国有土地使用权出让；（三）行政机关、事业单位的国有资产承包经营、出售或者出租；（四）政府采购；（五）政策信贷；（六）行政机关委托的科研、咨询；（七）行政机关与企业的战略合作；（八）法律、法规、规章规定可以订立行政合同的其他事项

续表

规章名称	行政协议概念	行政协议种类
《浙江省行政程序办法》（2016.10.1）	行政机关为了实现公共利益或者行政管理目的，可以在法定职责范围内，与公民、法人或者其他组织协商订立行政协议	—
《蚌埠市行政程序规定》（2017.12.6）	行政机关为了维护公共利益，实现行政管理目的，与公民、法人或者其他组织经协商达成一致的协议	（一）政府特许经营;（二）国有自然资源使用权出让;（三）国有资产承包经营、出售或者租赁;（四）政府采购;（五）政府与社会资本合作项目;（六）政策性贷款;（七）行政机关委托的科研、咨询;（八）行政机关与企业、高校的战略合作;（九）法律、法规、规章规定可以订立行政合同的其他事项
《海口市行政程序规定》（2019.5.7）	行政机关为了维护公共利益，实现行政管理目的，与公民、法人或者其他组织之间，经双方意思表示一致达成的协议	（一）特许经营;（二）国有土地使用权出让;（三）行政机关、事业单位的国有资产承包经营、出售或者出租;（四）政府采购;（五）政策信贷;（六）行政机关委托的科研、咨询;（七）行政机关与企业的战略合作;（八）法律、法规、规章规定可以订立行政合同的其他事项
《汕头市行政程序规定》（2021.7.21）	行政机关为了实现行政管理目的，与公民、法人或者其他组织之间，经双方意思表示一致所达成的协议	（一）政府特许经营;（二）国有土地使用权出让;（三）国有资产承包经营、出售或者出租;（四）政府采购;（五）政策信贷;（六）行政机关委托的科研、咨询;（七）行政机关与企业的战略合作;（八）法律、法规、规章规定可以订立行政合同的其他事项
《江苏省行政程序条例》（2022.7.29）	行政机关为了实现行政管理或者公共服务目标，与公民、法人或者其他组织协商订立的具有行政法上权利义务内容的协议	（一）政府特许经营;（二）土地、房屋等征收征用补偿;（三）矿业权等国有自然资源使用权出让;（四）政府投资的保障性住房的租赁、买卖等;（五）政府与社会资本合作;（六）可以订立行政协议的其他事项
《湖南省行政程序规定》（2022.10.8）	行政机关为了实现行政管理目的，与公民、法人或者其他组织之间，经双方意思表示一致所达成的协议	（一）政府特许经营;（二）国有土地使用权出让;（三）国有资产承包经营、出售或者出租;（四）政府采购;（五）政策信贷;（六）行政机关委托的科研、咨询;（七）法律、法规、规章规定可以订立行政合同的其他事项

各地方行政程序法规对行政协议的规定较之《行政诉讼法》和《最高人民法院关于审理行政协议案件若干问题的规定》更为积极，不仅对行政协议的定义比《行政诉讼法》和司法解释更早，并且对行政协议种类的列举范围更广、更贴合实际，尤其是部分省市行政程序法规对争议较大的国有土地使用权出让协议的明确划定。

二、我国法院对《行政诉讼法》行政协议种类的扩充

我国法学界对行政协议的概念和范围的认定有着较大差异，因此立法上采取了相对保守的策略。《行政诉讼法》并没有出现行政协议的表述，而是更多通过司法解释对行政协议的内容和范围予以确定。然而，司法解释中也存在同样的“回避”现象。以国有自然资源出让协议为例，司法解释将其特别表述为“矿业权等国有自然资源出让协议”，似乎“刻意回避”了“国有土地使用权出让协议”，这也侧面反映出学者甚至法院对该问题分歧极大的现状。有民法学者指出，将国有自然资源出让协议作为行政协议不符合我国国有自然资源制度改革的目标。我国要在公有制基础上发展经济，就必须将土地等自然资源纳入市场，因此我国国有自然资源改革的目标是发挥市场的作用而非行政机关的决定性作用。[①] 最高人民法院民事庭也曾秉持这种观点，在“安徽通德房地产案”[②] 中，民事庭法官指出：

> “当事人签订土地租赁协议的目的是开发商业项目，而非为实现社会公共利益。根据土地租赁协议，通德房产公司取得案涉土地的租赁权，国土资源局取得收取租金的权利，双方成立民事法律关系，而非行政法律关系……国土资源局收回土地使用权的行为属于解除民事合同行为。根据土地租赁协议，国土资源局应将案涉土地出租给通德房产公司使用，国土资源局作出决定收回土地，系解除土地租赁协议

---

① 参见王利明：《论行政协议的范围——兼评〈关于审理行政协议案件若干问题的规定〉第1条、第2条》，载《环球法律评论》2020年第1期。

② 最高人民法院民事裁定书，（2016）最高法民终638号。

行为。国土资源局系作为土地所有权人的代表与承租人通德房产公司协商解除土地租赁协议的损失补偿问题，而非作为房屋拆迁部门与被拆迁人协商征收房屋补偿问题。双方不能就补偿问题达成协议，通德房产公司可以通过民事诉讼解决。”

该案被最高人民法院指定安徽省高级人民法院审理后，安徽省高级人民法院于2018年作出判决：

“根据《中华人民共和国土地管理法》第五十八条第一款第（一）项之规定，因公共利益需要使用土地的，由有关人民政府土地主管部门报经原批准用地的人民政府或者有批准权的人民政府批准，可以收回国有土地使用权。被告根据蚌埠市人民政府2010年蚌埠市大建设项目投资计划，经市人民政府批准后，决定收回案涉63亩土地使用权，系其正常行使行政职权的行为，不属于《中华人民共和国合同法》第一百零七条规定的违约行为。”①

虽然“安徽通德房地产案”被最高人民法院认定为民事合同进行审理，但是通过安徽省高级人民法院的判决我们仍可以看出，该案件中行政机关收回土地使用权的行为并没有被认定为违约行为，反之，法院认为这属于行政机关正常行使职权的行为。

在2020年最高人民法院行政庭作出的“葫芦岛鸿亿房地产案”②裁定中，法庭明确指出：

“依据《中华人民共和国城市房地产管理法》《中华人民共和国城镇国有土地使用权出让和转让暂行条例》等规定，国有土地使用权出让合同属于行政协议。从签订主体看，签订国有土地使用权出让合同的一方是土地管理部门，系行政主体；从目的要素看，此类协议是为了实现公共利益或者国家对有限的土地资源合理、有效利用的管理目

① 安徽通德房地产开发有限公司与蚌埠市国土资源局土地租赁合同纠纷案，安徽省高级人民法院民事判决书（2018）皖民初45号。

② 最高人民法院行政裁定书，（2020）最高法行申11753号。

标；从双方权利义务关系看，此类协议与行政机关履行行政职责或者完成行政管理任务密切相关，行政机关在协议的签订和履行中享有基于社会公共利益或者法定事由单方收回土地等权利。原审法院认定，鸿亿公司与葫芦岛市资源局于2011年7月签订的案涉合同是行政协议，属于行政诉讼的受案范围，符合法律规定。"

"葫芦岛鸿亿房地产案"的判决在司法解释出台之后，案件中法官直接援引司法解释中的相关条款，分别从签订主体、目的、权利义务关系综合衡量涉案合同的性质，符合前文中的"复合制"标准。此外法院在判决书中特别强调，"鉴于葫芦岛市资源局未按照案涉合同约定全面履行合同义务，应当承担违约责任"。从这个案例看，法院对行政协议的审理并没有像部分学者所担心的那样，因行政协议性质的判定而导致相对人合法权益受损。以上两个分别由最高人民法院民事庭和行政庭作出的关于国有土地使用权出让协议性质认定的案件，反映出国有土地使用权出让协议性质的司法认定自2019年《最高人民法院关于审理行政协议案件若干问题的规定》司法解释出台后，有了明显的转变。

在最高人民法院行政庭编著的《最高人民法院关于审理行政协议案件若干问题的规定理解与适用》中，行政庭认为国有土地使用权出让协议应当属于行政协议。具体而言，国有土地使用权出让协议从目的要素看，具有社会主义公有制性质；从协议内容看，与政府履行行政职责密切关联；从双方权利义务看，国有自然资源出让协议中行政机关可因法定事由单方收回自然资源使用权，具有典型的行政法上权利义务关系。此外，在与立法机关沟通中，立法机关明确表示国有土地使用权出让协议属于行政协议，并且国务院自然资源管理部门书面答复该类协议属于行政协议。同时，最高人民法院行政庭指出在该司法解释讨论过程中，审委会有委员提出，"鉴于当前对国有土地使用权出让协议性质争议较大且民事审判部分还在执行相关司法解释，建议本次司法解释暂不列入"。因此该司法解释使用了"矿业权等国有自然资源出让协议"的表述。①

---

① 参见最高人民法院行政审判庭编著:《最高人民法院关于审理行政协议案件若干问题的规定理解与适用》，人民法院出版社2020年6月版，第43–45页。

虽然上文中最高人民法院民事庭与行政庭对国有土地使用权出让协议的态度不同，但若仔细分析上文两个案件，我们还是可以发现其中的共通之处。最高人民法院民事庭在审理“安徽通德房地产案”时强调“国土资源局收回土地的行为属于解除民事合同的行为，国土资源局作为土地所有权人的代表与承租人通德房产公司协商解除土地租赁协议的损失补偿问题”。安徽省高级人民法院在延续该思路的前提下认为，“本案虽是民事诉讼，但蚌埠国土局收回土地的行为具有行政性”。也就是说，最高人民法院民事庭与安徽省高级人民法院对涉案协议性质为民事合同的认定，事实上并没有影响“行政职权”在案件中的作用，并且出于对这种“公权力”的考量，安徽省高级人民法院认为收回案涉 63 亩土地使用权的行为不构成《合同法》规定的违约行为，被告国土资源局应当给予一定的经济补偿。观之“葫芦岛鸿亿房地产案”的判决书，最高人民法院行政庭虽认可国有土地使用权出让协议属于行政协议，但这种性质的认定也并不影响行政机关违约责任的承担，如该案判决书中明确指出，“葫芦岛市资源局并未按合同约定实际交付土地且其主张鸿亿公司认可案涉土地并非净地依据不足”，因此葫芦岛市资源局并未全面依约履行其义务，应当承担相应违约责任。公法上的行政职权体现在民事合同中，也需要对其予以尊让；私法上的全面履约若在行政协议中，亦需要得到遵守并承担相应的违约责任。

从这个角度看，无论是民事合同还是行政协议，其实对公权力的行使以及民事违约责任的承担并不因其合约的公私法性质而受到影响。换言之，在我国争议较大的国有土地使用权出让协议中，即使将其认定为民事合同，民事法庭在审理案件时仍需要针对行政机关的“双重性”，即其作为土地所有权人的代表和土地主管部门的不同身份在具体案件中进行判断和斟酌；同样，若将其认定为行政协议，法院行政庭也同样需要尊重双方订立的合同义务，认为行政机关有依法依约履行义务的责任。这种对行政职权的尊让和对合约内容的尊重，事实上正是我们前文所讨论的行政协议最大的特征——兼具行政性与协议性的双重属性。因此，将有争议的国有土地使用权出让协议作为行政协议，不仅符合我国实体法对行政协议的界定，同时符合我国民事庭、行政庭在司法实践中的考量。进一步讲，其他有争议的协议种类归属到行政协议的范畴，也可参考以上分析思路。

三、我国司法中的行政协议种类及占比

若要对我国行政协议进行类别化研究，除了对实体法上的行政协议进行分析外，更重要的是要分析我国现实中的行政协议种类。鉴于各地方对行政协议范围、种类的规定有所不同且我国行政协议的界定目前仍未形成共识的现实情况，为探索我国行政协议的种类，本部分从我国司法实践出发，通过“中国裁判文书网”上有关行政协议的法律纠纷，归纳我国行政协议的大致种类和占比。需强调，这种归纳显然并不能够完全包含我国所有的行政协议种类，但限于当下现实条件，我们还是可以认为：诉请法院裁判较多的行政协议，应当为现实中应用较为广泛的行政协议；法院以行政案由受理的协议，即使没有被明文规定到《行政诉讼法》和司法解释中，也应当认为属于“法院认可的行政协议种类”。

基于以上两点考量，笔者在“中国裁判文书网”以案件类型为“行政案件”，结合“行政协议”进行全文检索，2017 年 7 月 1 日至 2023 年 11 月 28 日，我国行政协议争议案件共有 42 169 件。在此基础上，根据不同案由和“拆迁”“征收征用”“息诉”“特许经营”“使用权出让”“投资开发”等关键词进行交叉检索，涉及土地房屋征收征用补偿的行政协议案件数量为 26 909 件，特许经营案件 5 817 件，自然资源出让案件 1 924 件，投资开发案件 2 622 件，其他经济性协议 4 630 件，息诉协议（和解协议）267 件。由此可见，我国司法裁判中的行政协议种类以征收征用协议为主，尤其是房屋拆迁补偿协议和土地征收征用协议，约占行政协议总数的 63.8%；随后是政府特许经营协议，约占总数的 13.9%；自然资源出让协议案件，约占 4.6%；另有近 8 000 件占总数约

17.7%的政府与社会资本合作案件，再根据合同目的的不同可进一步分为以下三种：第一，自行车公共服务[①]、生活垃圾无害化处理[②]等内容的公共服务类合同；第二，旅游资源开发、[③]产业园开发建设项目[④]等内容的经济类合同；第三，科研项目研发[⑤]的科技类合同。

通过对我国行政协议种类的不完全归纳，我们可以发现：首先，我国行政协议应用最为广泛的领域就是房屋拆迁、土地征收征用，占全部行政协议的一半以上。在这一类案件中，行政机关与私主体签订协议的核心要素在于“行使行政权”，从而完成土地房屋的征收征用目标，这也是学者们不断强调的行政机关以协议的方式替代行政行为的典型表现。其次，政府特许经营协议在整个行政协议中也占较大比例，政府特许经营协议同样包含着浓厚的“公权力”色彩，即协议本身意味着行政机关赋予私主体一方特许经营权。再次，自然资源出让协议案件更多集中于国有土地使用权出让协议，通过第三节第三部分的讨论，我们同样可以认为在该类案件中，行政机关的行政职权得到法院的认可，并在实际审理中予以较大尊让。最后，占总数近五分之一的政府与社会资本合作案件中并存着行政性与协议性，但此二者在协议中的“强弱”根据合同内容的不同而有所差异。

第三节　我国行政协议类别化构建

通过本章第一节的比较法研究，我们可以发现各国有关行政协议（行政合同）的判断标准和学说路径是不同的。本节第一部分将结合第一节各国行政协

① 湖北省武汉市中级人民法院行政判决书，（2018）鄂01行终183号。

② 浙江省临海市人民法院行政判决书，（2019）浙1082行初92号；浙江省台州市中级人民法院行政裁定书，（2020）浙10行终149号。

③ 湖北省恩施土家族苗族自治州中级人民法院行政裁定书，（2020）鄂28行终46号。

④ 广东省高级人民法院行政判决书，（2019）粤行终1703号。

⑤ 江苏省徐州市中级人民法院行政裁定书，（2018）苏03行终369号。

议的甄别学说，对我国现有的主要识别标准予以分述和评价。通过本章第二节的实证研究可发现我国行政协议在实践中种类繁多且各具特点，基于此，本节第二部分将提炼归纳各类行政协议的异同，从而提出笔者认为最适合我国行政协议的识别标准。本节第三部分则建立在第二部分的基础上，对我国行政协议进行类别化构建。

一、我国行政协议的识别标准梳理

整体而言，我国学者对行政协议的判断标准主要分为两派：第一，部分学者主张“单一制”的判断标准，如单一的公共服务说、合同目的说、行政优益权、合同主体说等学说标准。[①] 持单一制判断标准的学者可以说是我国行政协议研究的“先驱者”，他们的研究、观点主要借鉴了外国法制的经验而提出，属于我国行政协议范围判断的早期观点。第二，近年来持“复合制”标准的观点。复合制判断标准是指以多重标准综合判断具体案件的性质，如“行政主体＋合同目的复合说”[②]“合同标的＋合同目的说”[③] 等。相较单一制判断标准，复合制判断标准确实更具合理性，通过学说的互相补充，可以改善单一制学说的明显不足。最高人民法院发布的司法解释也可看作是对“复合制”判断标准的一种实践探索。下面将结合我国主要单一制学说及其优劣予以简要评析，意在通过梳理主要学说理念的方式，探索我国行政协议甄别的最重要因素。

（一）公共服务说

受到王名扬先生《法国行政法》一书的深刻影响，我国多数行政法学者主张以法国模式作为我国行政协议的认定标准。但是我们必须认识到，该标准在

① 参见叶必丰:《行政合同的司法探索及其态度》，载《法学评论》2014 年第 1 期。

② 参见麻锦亮:《纠缠在行政性与协议性之间的行政协议》，载《中国法律评论》2017 年第 1 期。

③ 参见 2007 年“台北市政府”府授法秘字第 09631860800 号函“行政契约判断基准”。

我国的直接适用存在诸多问题。

首先，法国判例所形成的两项选择性标准本身在法国已经难以实现。一方面，随着合同的不断发展，普通法以外的条款在私法合同中已经不再是例外情形。因而，以条款来判断协议属性显然无法满足现实需要。比如，出于公共利益而解除合同不仅是公法合同的标准，同时也是私法合同须遵循的要求之一。另一方面，如何判断合同是否与公共服务直接相关，也存在诸多问题。公共服务概念本身就具有模糊性，更毋庸说以其为标准判断合同的具体性质了。而且，法国司法判例所确定的区分标准也饱受批评和质疑，尤其是行政机关在行政协议中享有的特权打破了合同的平等、自治精神，因而有学者提出行政合同是否还属于“合同”的疑问。①

其次，法国以公共利益优先的立法模式在当今国际社会显得愈发格格不入。尤其在欧盟中，因欧盟法并未在共同体层面区分公法与私法，并主张人员、服务、货物及资金的自由流通和开放竞争。因此，欧盟法的这种立法思路对公私法二元划分的国家均造成了不同程度的影响。为了回应欧洲整合全球经济的趋势，法国行政合同开始大幅提升相对人的地位，以鼓励私人参与公共事务，引进私部门人才与财源以弥补公部门的不足。此外，法国还逐步放开从事工商公共服务国营或公营的私有化，以避免与欧盟法中的独占禁令相抵触。

最后，如前所述，法国的行政协议与其公共服务理念密切相关，并依托于独特的行政司法体系和行政法源机制而存在。因此，无论是协议内容涉及公共服务事项还是协议条款包括私法以外的条款，均与其成熟的公共服务理论相关。反观我国，既没有完善的公共服务理念也没有独有的行政法院体系，因此，对法国模式的照搬照用并不符合我国实际。

（二）合同目的说

我国学者通过借鉴法国的公务理论，提出了合同目的说，主张我国行政协

---

① 陈淳文：《公法契约与私法契约之划分：法国法制概述》，载《行政契约与新行政法》，元照出版社2002年版，第164页。

议的判定可以通过对合同目的的甄别路径。然而，合同目的说本身就存在诸多问题。公益与私益的区分并不容易，且民事合同也并不排斥公益的存在，甚至同样以公益为基础。民事合同中的意思自治也是建立在不损害国家利益、公共利益基础上的，如我国《民法典》第153条规定，违反法律强制性规定及违背公序良俗的民事法律行为无效。① 此外，《合同法》（已失效）第52条规定，损害国家利益、社会公共利益的合同无效。② 具体到行政协议中，因行政机关本身就是公共利益的执行者和维护者，若从广义上来看，行政机关的一切行政行为均可被看作出于公益目的。③ 因此，若以目的为标准对行政协议的范围予以界定，会遭遇与以公共服务为标准同样的困境：在实际中因概念过于宽泛而不具可行性。虽然有学者试图通过对目的的限缩解释，将“公益目的”限定为“行政管理目的”从而解决概念宽泛的问题，④ 但这种范围上的限缩能否在实践中变得可能，并不是绝对的。

（三）行政优益权标准

有部分行政法学者将行政机关的优益权作为行政协议与民事合同的区分标准。在笔者看来，这无疑是将事件的因果关系倒置了。

行政优益权是建立在行政职权的基础之上的，因此行政优益权并不是双方当事人通过协商、合意形成的结果，而是因行政职权的存在而天然地存在于行政协议之中的。既然我们无法从表象直接观察到行政优益权的存在，那么以其

---

① 《民法典》第153条：“违反法律、行政法规的强制性规定的民事法律行为无效。但是，该强制性规定不导致该民事法律行为无效的除外。违背公序良俗的民事法律行为无效。”

② 《合同法》第52条：“有下列情形之一的，合同无效：（一）一方以欺诈、胁迫的手段订立合同，损害国家利益；（二）恶意串通，损害国家、集体或者第三人利益；（三）以合法形式掩盖非法目的；（四）损害社会公共利益；（五）违反法律、行政法规的强制性规定。”

③ 我国持公益标准的学者为大多数。具体参见姜明安主编：《行政法与行政诉讼法》（第3版），北京大学出版社2007年版，第350页；王克稳：《政府合同研究》，苏州大学出版社2007年版，第30页。

④ 持该观点的学者参见邢鸿飞、赵联宁：《行政合同在BOT项目中的运用及其法律保障》，载《河海大学学报（哲学社会科学版）》2001年第4期。

作为行政协议与民事合同的区分标准显然不具可操作性。

二、我国行政协议类别化构建标准——公权力要素与风险负担

（一）我国行政协议的识别要素——公权力要素

虽然我国民法学者与行政法学者对行政协议的界定标准有诸多不同意见，但是，有一点可以看作双方的共识——行政协议的双重属性。[①]因行政协议兼具行政性与协议性的双重属性，其中必然同时蕴含着民事特征与行政特征，甚至民事法律关系与行政法律关系。这也是我国行政协议边界难以确定的关键所在。这就导致法院在实际审理中，除立法特别明确规定的类别外，在争议较大的案件中采取“一案一议”的方式。有鉴于此，若建立我国行政协议的法律体系，我们仍有非常之必要对行政协议的边界和范围予以界定。

行政协议的双重性使其与民事合同有着千丝万缕的联系，因而有学者提出，“行政协议中的合意是民事合同与行政协议二者之间的最大公约数，而其公权力作用则是二者的最小公倍数。”[②]合同作为当事人之间产生、变更、消灭民事法律关系的协议，本质上是一种交易的产物，正如马克思所指出的，这种通过交换和在交换中才产生的实际关系，后来获得了契约这样的法律形式。[③]行政协议不同于一般的民事合同之处就在于，其本质上不是一种交易的产物，而具有非市场性，这也是其应与一般民事合同相区别，而需要在法律上单独规定的原因所在。因此，行政协议与民事合同最大的区别在于，当行政机关以公权力行

---

① 参见麻锦亮：《纠缠在行政性与协议性之间的行政协议》，载《中国法律评论》2017 年第 1 期；耿宝建、殷勤：《行政协议的判定与协议类行政案件的审理理念》，载《法律适用》2018 年第 17 期；王利明：《论行政协议的范围——兼评〈关于审理行政协议案件若干问题的规定〉第 1 条、第 2 条》，载《环球法律评论》2020 年第 1 期。

② 于立深：《行政协议司法判断的核心标准：公权力的作用》，载《行政法学研究》2017 年第 2 期。

③ 参见《马克思恩格斯全集》（第 19 卷），人民出版社 1963 年版，第 422–423 页。

使者的身份与相对人订立合同时，其本质上并不是一种市场交易行为，而仍然是一种行政权的行使方式。

以《行政诉讼法》特别列出的政府特许经营协议、土地房屋征收补偿协议分别为例。政府特许经营协议的本质就是行政机关行使行政权，通过授予私主体一方特许经营权允许其进行指定项目建设，私主体从而实现自然资源、公共工程的开发建设或特定领域的经营权。因此，该协议签订的前提是行政机关特许行为的作出。当然这里特许行为的作出并不必然出现在协议签订之前，也有可能体现在政府特许经营协议内容之中，但是这并不影响"行政权"作为合同的基础。又以土地房屋征收补偿协议为例，可以说，这一类协议是我国行政协议应用最为广泛的领域。在土地房屋征收补偿协议中，行政机关通过与被征收方签订征收协议，确定双方的责任义务，以完成其征收权、征用权的行使。从这两个最为典型的行政协议中，我们不难看出，行政协议与民事合同最显著的区别就在于"公权力"的行使，即"行政合同是直接执行公务的活动，而非单纯私人间事务之处置"[①]。

除《行政诉讼法》特别列出的政府特许经营协议、土地房屋征收补偿协议外，最高人民法院发布的司法解释还列举了矿业权等国有自然资源出让协议、政府投资保障性住房租赁买卖协议、含有公共服务目标或行政管理目的的政府与社会资本合作协议。通过司法解释对行政协议的定义，我们可以看出最高人民法院采用的为"复合制"标准，将合同主体说与合同目的说相结合，并通过"兜底性"条款将符合该复合制标准的协议但未予列举之类别纳入行政协议范畴。特别列举出的行政协议同样暗含了"公权力"的作用。国有自然资源出让协议与政府特许经营协议相似，其订立的前提应为行政机关出让本属于国有的自然资源，这种行为与政府特许经营协议中特许行为的作出一致，均属于以协议的方式替代了单方行政行为的作出，而订立协议无非是进一步明确了双方的权利、义务，但是对单方行政行为的作出并无影响。同理，行政机关签订的含

① 参见江必新:《中国行政合同法律制度：体系、内容及其构建》，载《中外法学》2012 年第 6 期。

有公共服务目的的协议，如政府投资保障性住房租赁、买卖协议其本身是为了人们居住需要，且房屋是由政府出资的。换言之，我们可看作政府作为“房东”对这类房屋予以出租或买卖，其目的显然与普通房地产开发企业不同，因此强调其中的“公权力”因素以示与普通民事合同的区分，并无不妥。

综上，笔者认为我国行政协议的识别要素在于“公权力”因素。具体可分为以下两个层面：第一，在征收补偿协议、和解协议中，应将其看作对单方行政行为的替代性措施，在首先满足单方行政行为要素的基础上，再通过合同的方式对双方的其他义务、权利予以约定。第二，在政府特许经营协议、公共服务协议等其他行政协议中，双方签订协议的核心依然在于行政机关“作出”某种特定的行为。这种“作出”特定行为有可能是行政行为的单独作出，如作出特许权，也可能是包含在协议条款中的特定行为，如政府要求私主体进行生活垃圾处理服务、旅游资源开发、房地产开发等。无论是哪种情形，我们都可以认为，若没有行政机关这种“公权力”的存在，该协议不可能签订。换言之，只有公权力发挥了法律作用，行政协议方可成立。

（二）我国行政协议类别化要素——风险负担

在明晰我国行政协议以公权力为识别要素的基础上，我们需要进一步对我国行政协议进行类别化研究。笔者认为，我国行政协议类别化区分要素在于对合同风险的负担。

合同就是交易双方对“不确定的未来”中存在的风险进行规避和控制的手段和工具。[①] 这种对合同的认知贯穿于民事合同整个发展过程中。也正是基于对合同是风险规避、控制工具的认知，民法中发展出不可抗力制度、履行不能制度、合同受挫制度、风险负担制度等一系列风险分配规则。[②] 这些制度的核

① See Larrinaga *v.* Société Franco-Américaine (1923) 92 LJ KB 455, at “contracts are made for the purpose of fixing the incidence of risks in advance”.

② Allocation of risk. See Atiya, *The Sales of Good*, Pitman Publishing, 1995, p.300.

心在于保证合同风险负担的公平性。须再次强调，这些理论、制度的发展均限于民事合同的领域。因此，行政协议作为与民事合同相并列的独立客观存在，且兼具行政性和协议性双重属性，需要我们进一步思考的是，行政协议中是否同样存在这种风险负担理念。

本章第一节我们已经从比较法的视角讨论过各国的行政协议范围，其中同为大陆法系国家的德国一直将行政合同作为公权力行政的手段，因此行政合同被限定于公法中的高权领域内；法国的行政协议则广泛应用于公共服务领域的合同，如政府采购合同、公共工程合同等。从本章第二节事实上观察可发现，我国行政协议综合了德、法两国行政协议，同时存在行政高权行为的替代手段以及公共服务领域合同。

类比德国法上的行政合同，我国土地房屋征收补偿协议、息诉和解协议均带有明显的高权性质；而政府特许经营协议、公共服务协议、国有自然资源出让协议等其他行政协议虽同样有公权力的因素存在，但是其色彩浓厚程度显然无法与土地房屋征收补偿协议与和解协议相比较。此外更为关键的是，“风险负担”在土地房屋征收补偿协议、息诉和解协议中基本不存在。但是风险负担的精神在政府特许经营协议、公共服务协议、国有自然资源出让协议等协议中体现得尤为明显。这种风险的分配与负担不仅约定在双方签订的合同条款中，同时体现在我国相关领域的法律规范中。如《基础设施和公用事业特许经营管理办法》第 24 条规定，“政府可以在特许经营协议中就防止不必要的同类竞争性项目建设、有关配套公共服务和基础设施的提供等内容作出承诺，但不得承诺固定投资回报和其他法律、行政法规禁止的事项。”该条对固定投资回报的禁止性规定体现出特许经营者在具体运营过程中，需要承担一定的风险。又如《最高人民法院关于审理涉及国有土地使用权合同纠纷案件适用法律问题的解释》（2020 年修正）第 12 条规定，“合作开发房地产合同是指当事人订立的以提供出让土地使用权、资金等作为共同投资，共享利润、共担风险合作开发房地产为基本内容的合同”。

三、公权力和风险负担在我国行政协议中的具体表现

综合归纳前文所述我国实体法规定与司法实践中对行政协议的判决，可将我国行政协议分为七种，即土地房屋征收补偿协议、息诉和解协议、科研协议、政府特许经营协议、公共生活领域的服务协议、国有资源使用权出让协议、投资开发类协议。下文将结合公权力与风险负担两个要素对以上七种行政协议进行逐一分析，以期探求我国行政协议类别化路径。

第一，土地房屋征收补偿协议。土地房屋征收补偿协议是我国行政协议应用最为普遍的一种类型，也是《行政诉讼法》中明文规定的行政协议类型。该类协议不仅受到《行政诉讼法》的规范，还受到《国有土地上房屋征收与补偿条例》的调整。根据《国有土地上房屋征收与补偿条例》，补偿协议签订前须遵循以下程序：第一，由市、县级人民政府作出房屋征收决定；[①] 第二，房屋征收部门拟定征收补偿方案对其论证、征求公众意见，公布公众意见及相应修改情况；[②] 第三，房屋征收部门对房屋征收范围内情况组织调查登记，如房屋的权属、区位、用途、建筑面积等；[③] 第四，开展房屋价值评估工作；[④] 第五，与被征收人协定补偿方案；[⑤] 第六，签订补偿协议。[⑥] 由此可见，房屋征收补偿协议只是作为征收流程中的一个环节，在该协议签订之前已有一系列的行政行为作出，因此，该类协议有着最为明显的公权力色彩。纵然在土地房屋征收补偿协议履行过程中，有可能出现因政策、客观情势的变化导致政府暂停征收、变更补偿方式等情形，但是这都不是通常意义上的“合同风险”，一般意义上的合同风险

---

① 参见《国有土地上房屋征收与补偿条例》第 8 条。

② 参见《国有土地上房屋征收与补偿条例》第 10 条、第 11 条。

③ 参见《国有土地上房屋征收与补偿条例》第 15 条。

④ 参见《国有土地上房屋征收与补偿条例》第 19 条、第 20 条。

⑤ 参见《国有土地上房屋征收与补偿条例》第 17 条、第 21 条。

⑥ 参见《国有土地上房屋征收与补偿条例》第 25 条。

应当认为是价金上的损失。①

第二，息诉和解协议。息诉协议在我国行政协议司法裁判中的占比极小，一般是指当事人与行政机关达成合意，当事人停止上访并由行政机关给予相应的补偿而签订的协议。从本质上来说，息诉协议应当属于行政机关与当事人之间就某项纠纷而签订的“和解书”。也有学者认为，息诉和解协议是行政强制执行等行政行为的替代性措施。②最高人民法院曾在“陈明树、黎万琼与四川省仪陇县人民政府案”裁判文书中指出，《息诉息访协议》是镇政府与私人之间协商签订的，有着行政法上权利义务内容的协议，具备行政协议的核心要素，因此属于典型的行政协议。③因此我们可以说，息诉和解协议是极具中国特色的一种行政协议，是我国行政机关在实践中发展出来的提高行政效率、解决纠纷的替代性、补充性手段，同样排除了风险负担的存在。

第三，科研协议。科研协议是在当下科研经费管理从计划性、权力性管理向市场化竞争的大背景下应运而生的，主要是指科研经费机构与科研人员之间的项目书、协议书等。科研协议在司法裁判中的占比极小，在此单列主要为了回应地方立法对该类合同的规定。科研协议兼具资助方旨在发展科研事业、实现科技创新、推动社会科技进步和科研人员通过科研资助实现个人科研成果的双重动机，且科研合同中的立项、执行、结项等步骤兼具行政性与合意性，因此一般我们将科研协议作为行政协议的一种。此外，科研协议极具特色的一点在于科研经费的“风险负担”。在科研协议中，只要科研人员尽到履责义务，则无论科研成功与否，均由资助机关承担科研经费。④

第四，政府特许经营协议。政府特许经营协议中，特许权的作出通过协议的方式实现。该类协议除受到《行政诉讼法》调整外，还受到《行政许可法》

---

① 参见梁慧星:《民法学说判例与立法研究》，中国政法大学出版社 1993 年版，第 21 页。

② 参见杨靖文:《行政协议的识别标准与类型研究——从公权到公务标准的渐进》，载《法律适用》2020 年第 14 期。

③ 最高人民法院行政裁定书，(2016) 最高法行申 2513 号。

④ 参见胡明:《科研合同的功能性规制》，载《中国社会科学》2020 年第 9 期。

《基础设施和公用事业特许经营管理办法》等相关法律的调整。《行政许可法》第 12 条规定，有限自然资源开发利用、公共资源配置以及直接关系公共利益的特定行业的市场准入等事项可以设定行政许可。以上列举事项正是我国政府特许经营协议应用最为广泛的领域。《基础设施与公用事业特许经营管理办法》第 3 条规定，协议双方通过协议明确权利义务和风险分担。这就体现出政府特许经营协议与上文土地房屋征收补偿协议、息诉和解协议最大的不同之处。换言之，在政府特许经营协议中，政府在协议中作出了特许权的同时，该类协议往往还约定协议私主体一方承担部分风险。如“厚德九天（湖北）环保科技集团有限公司、宜昌市城市管理执法委员会”案[①]中，双方特别约定“如果九天环保公司在项目建设中第一步试验不成功，我市将按照国家住建部和国家发改委《生活垃圾焚烧处理工程项目建设标准》，采用其他成熟可靠的垃圾焚烧发电技术，由宜昌市政府另外确定项目业主承建该项目，并确保在 2016 年底建成投产”。在“三门旺能环保能源有限公司、三门县综合行政执法局、美欣达集团有限公司案”[②]中，双方合同约定“乙方应在特许经营期内自行承担费用、责任和风险，负责进行项目的融资、设计、建设、运营、维护和移交”。又如“武汉鑫飞达环保节能科技有限公司与武汉市城市管理委员会、武汉东湖新技术开发区城市管理局案”[③]中，原被告双方所签署协议第 2 条明确约定，原告对该项目自主管理自负盈亏。由此可见，政府特许经营协议中私主体一方在获得特许经营权后，在项目运营过程中需要自担风险。[④]须注意，这种责任并非仅由私主体一方承担，根据《基础设施与公用事业特许经营管理办法》第 5 条规定，特许经营应当兼顾经营性与公益性，在维护公共利益的同时保护社会资本合法权益。因此，行政机关在政府特许经营协议中也应当以维持特许经营持续性和稳定性为根本原则。

---

① 湖北省宜昌市中级人民法院行政判决书，(2020)鄂 05 行终 46 号。

② 浙江省临海市人民法院行政判决书，(2019)浙 1082 行初 92 号。

③ 湖北省武汉市江岸区人民法院行政判决书，(2017)鄂 0102 行初 59 号。

④ 最高人民法院行政裁定书，(2018)最高法行申 8174 号。

第五，公共生活领域的服务协议。公共生活领域服务协议与政府特许经营协议有着极高的相似性。首先，二者都是行政机关与私主体针对某领域公共服务事项签订的协议，且私主体一方在运营中自担风险。其次，该类协议与政府特许经营协议一样，在实际运营过程中应当以维持公共服务的持续性和稳定性为根本原则。之所以将这类协议特别单列，原因在于某些协议所涉领域虽为公共服务，但法院在实际审理中因没有明显的行政机关"特许权"作出并未将其认定为政府特许经营协议。①此外该类协议中双方风险分配问题比政府特许经营协议更偏向于共担风险，但这种风险的分担仍以双方合同约定为限。

第六，国有资源使用权出让协议。国有资源使用权出让协议虽然在《关于审理行政协议案件若干问题的规定》中表述为"矿业权等"，但实际中该类协议以国有土地使用权出让协议为主。②民法学者对于将国有土地使用权出让协议归属行政协议的做法争议极大，有学者认为土地使用权出让不同于行政划拨，在该类协议中国家土地管理部门不是行政管理者而是以合同当事人身份出现，因此国有土地使用权出让协议应为民事合同。③另有学者认为国有土地使用权出让协议中，国有土地资源部门代行的应当是所有权而非行政权，因为行政权无法包含占有、使用、收益的物权权能。④笔者无意对民法学者们的观点予以一一回应，只是在此想强调，民法学者在提出以上异议的同时，普遍认可该类协议包含行政因素，如出让人可对受让人予以警告、罚款甚至收回土地使用权的处罚。⑤仅从这一点看，行政机关在国有土地使用权出让协议中所享有的包括收回土地使用权在内的"权力"显然也并不能够当然认为是平等主体之间的

---

① 黑龙江省哈尔滨市中级人民法院行政判决书，（2018）黑01行初160号；黑龙江省大庆市中级人民法院行政判决书，（2019）黑06行终34号。

② 最高人民法院行政裁定书，（2020）最高法行申12185号；湖南省高级人民法院行政判决书，（2020）湘行终802号。

③ 参见王利明：《论行政协议的范围——兼评〈关于审理行政协议案件若干问题的规定〉第1条、第2条》，载《环球法律评论》2020年第1期。

④ 参见崔建远：《行政合同族的边界及其确定根据》，载《环球法律评论》2017年第4期。

⑤ 参见《城镇国有土地使用权出让和转让暂行条例》第17条。

“权利”。因此，若将该类协议归属为民事合同显然并不妥当。国有资源使用权出让协议与政府特许经营协议、公共服务类协议一样，在实践中双方可能约定风险负担条款。[①]

第七，投资开发类协议。[②] 投资开发类协议包括旅游资源开发、产业园建设等各种类政府与社会资本合作协议。该类协议也是近年来地方政府通过招商引资，与私人订立的主要协议。投资开发类协议是合作行政的大背景下，行政活动不断扩张在行政协议中的具体表现。该类协议从行政性分析，与政府特许经营协议、国有自然资源出让协议、公共服务协议相似，蕴含着行政机关实现公共服务和行政管理的目的；从协议性上分析，同样也包含着风险分担的精神。[③]

四、我国行政协议的类别

上文提出了公权力和风险负担两个要素，并针对我国不同种类的行政协议具体分析了其中的公权力要素和风险负担要素。从公权力要素角度考察，我国不同行政协议呈现出的是“渐变模式”；[④] 从风险负担角度考察，我国行政协议可分为风险负担型与非风险负担型两种。须指出，非风险负担型行政协议中行政机关的“公权力”占比更重，而协议性较弱；反之风险负担型行政协议中的协议性占比更重，而公权力色彩较弱。基于以上两种因素综合考量，笔者认为可将我国行政协议分为以下两种类别。

---

① 最高人民法院行政裁定书，（2020）最高法行再 360 号。

② 广东省高级人民法院二审行政判决书，（2019）粤行终 1703 号；河南省高级人民法院二审行政判决书，（2019）豫行终 2883 号；最高人民法院再审行政裁定书，（2020）最高法行再 360 号。

③ 参见《最高人民法院关于审理涉及国有土地使用权合同纠纷案件适用法律问题的解释》（2020 年修正）第 12 条。

④ 参见杨靖文：《行政协议的识别标准与类型研究——从公权到公务标准的渐进》，载《法律适用》2020 年第 14 期；韩宁：《行政协议判断标准之重构——以“行政法上权利义务”为核心》，载《华东政法大学学报》2017 年第 1 期。

（一）公权力型（非风险型）行政协议

公权力型行政协议可以看作行政机关行使职权的组成部分，[①]或者是一种替代性手段。该类型行政协议中，相对人不承担一般意义上的合同风险。当然在土地房屋征收补偿协议中，行政机关可能出于客观情势的变化，变更或解除该行政协议。如“童某某等诉贵州省铜仁市碧江区人民政府案”[②]中，碧江区政府（原县级市铜仁市人民政府）与童某某等人签订了《房屋搬迁补偿安置协议》，约定对童某某等人实行异地安置。随后根据国务院令设立地级铜仁市，新的铜仁市政府为推进城镇化要求停止私人建房。碧江区政府基于上级铜仁市政府要求，对原签订协议的安置方式从异地安置变更为参与式开发建设安置。童某某等人认为碧江区政府对安置方式变更的行为违法，请求法院仍按原协议内容履行，要求碧江区政府交付宅基地。该案经铜仁市中级人民法院一审、贵州省高级人民法院二审、最高人民法院再审。最高人民法院经审理认为，因地区建制变更且土地规划变更，碧江区政府取消原宅基地安置方式，变更为参与式开发建设安置，应当认为基于公共利益需要单方变更行政协议，该变更行为合法。碧江区政府因公共利益变更协议，应当对童某某等人履行行政补偿法定职责，其中既包括安置补偿，也包括单方变更协议对童某某等人造成损失的补偿。

从“童某某等诉贵州省铜仁市碧江区人民政府案”我们可以看出，在房屋拆迁补偿协议中，虽然基于客观形势的变化，如该案中行政区划和土地性质规划均发生变化时，行政机关对行政协议内容进行了单方面的变更，但是这种变更行为并没有导致行政协议相对人利益的重大变化。首先，根据灯塔街道办、九龙拆迁公司与童某某签订的《房屋搬迁补偿安置协议书》，童某某正房占地面积在 $180m^2$ 以内，获得一块异地安置的宅基地面积 $120m^2$；根据变更后的安置

---

① 如土地房屋征收补偿协议是行政机关征收征用土地、房屋过程中的一个环节。

② 最高人民法院行政裁定书，（2017）最高法行申 4587 号，（2017）最高法行申 4588 号，（2017）最高法行申 4589 号，（2017）最高法行申 4590 号，（2017）最高法行申 4591 号，（2017）最高法行申 4592 号，（2017）最高法行申 4593 号，（2017）最高法行申 4594 号，（2017）最高法行申 4595 号。

方式，正房占地面积在 $60m^2$ 以内的，还一套 $120m^2$ 安置房，还 $30m^2$ 商业性用房；正房占地面积在 $60m^2$ 至 $180m^2$ 的，还 $240m^2$ 安置房（2 套 $120m^2$ 安置房），还 $50m^2$ 商业性用房。无论从安置房的面积还是数量看，童某某个人的利益均未发生重大变化，童某某没有因协议变更而承担不利风险的后果。其次，法院认为，碧江区政府还应对童某某等人予以安置补偿和变更协议的行政补偿。基于以上理由我们可以认为，在此类协议中即使行政机关变更了行政协议，当事人的权益没有受到重大影响，也没有承担任何“风险”。因此笔者认为，土地房屋征收补偿协议应属于公权力型（非风险型）行政协议。

此外如前所述，息诉和解协议与科研协议中，亦不存在协议相对人对“风险”的承担。息诉和解协议是行政机关与相对人协商后签订的“相对人对信访事项放弃诉讼权”的协议，相对人在协议中往往同时放弃诉权和上访。这种诉权的放弃条款显然与一般意义上的“合同风险”不同。科研协议之中一般规定科研人员只要完成尽职履责义务，则无论科研是否成功，均由资助方承担相应的科研经费，从而避免了因科研结果失败而由科研人员承担经费义务的责任。

综上，笔者认为我国的土地房屋征收征用协议、息诉和解协议、科研协议应当归属公权力型（非风险型）行政协议。行政相对人在该类型行政协议中，不存在承担合同风险的可能性。

（二）风险型行政协议

与公权力型（非风险型）行政协议相对应的是，风险型行政协议中公权力的因素较弱，而更加偏向行政协议的“协议性”。前文列举的政府特许经营协议、公共生活领域服务协议、国有自然资源出让协议以及投资开发协议在实际中存在相互交叉、并存的现象。在“滑县产业集聚区管理委员会、新乡市金石置业有限公司案”[①] 中，金石公司与滑县集聚区管委会签订的《项目投资合同书》中约定，金石公司为滑县集聚区管委会投资 2.2 亿元人民币建设两个项目。

---

① 河南省安阳市中级人民法院行政判决书，（2018）豫 05 行终 291 号。

《项目投资合同书》中约定的付款方式涉及土地使用权出让，合同优惠（行政允诺）及行政事业性和企业性收费减免。因此，金石公司与管委会签订的《项目投资合同书》及后续在此基础上签订的《建设工程施工合同》《滑县产业集聚区基础设施 BT 建设框架协议书（尚街景观工程）》《滑县新区市政工程投融资建设合同》不仅可以看作双方订立的投资开发协议，还包含国有土地使用权出让协议。

此类风险型行政协议虽然因合同约定内容的不同而存在种类上的差异，但是其核心特征是一致的：行政机关与私主体签订协议，完成一定的公共服务、行政管理目标，并在履行过程中双方共同承担风险。“湖南恒凯环保科技投资有限公司与衡阳市生态环境局案”①中，恒凯公司因公开招投标获得衡阳市机动车环保检测“松木站”和“杨柳站”的项目经营权，后因《大气污染防治法》对委托事由的修改，衡阳市区域内出现了多家排放尾气检测站，导致恒凯公司难以获得利润回报。一审法院认为，虽然原、被告双方签订的招标合同中已明确了由原告自筹资金、自主经营、自负盈亏的原则，但是依据《行政诉讼法》第 78 条第 2 款规定，被告应对原告恒凯公司予以相应的补偿，判决被告补偿原告投入资金的 10%。二审法院认为一审法院认定事实清楚，但补偿款仅为投入资金 10% 的比例过低，将其调整为恒凯公司总投入的 35%。

“统邦集团有限公司与遂昌县人民政府案”②中，统邦公司与遂昌县人民政府签订协议投资建设五星级休闲度假旅游中心，后因所涉地块原规划五星级酒店用地已整体调整为商住用地导致无法按原协议继续履行。统邦公司要求继续履行合同被最高院驳回后另案起诉，要求遂昌县政府承担违约赔偿责任。浙江省丽水市中级人民法院经审理认为，被告遂昌县政府可对土地性质进行变更，

① 一审湖南省衡阳市蒸湘区人民法院行政判决书，（2019）湘 0408 行初 18 号，二审湖南省衡阳市中级人民法院行政判决书，（2020）湘 04 行终 53 号。

② 一审浙江省丽水市中级人民法院行政判决书，（2017）浙 11 行初 46 号，二审浙江省高级人民法院行政判决书，（2017）浙行终 1629 号，再审最高人民法院行政裁定书，（2018）最高法行申 5816 号。

但同时应当对统邦集团予以补偿。因此，法院最终判决被告遂昌县政府返还原告定金 100 万元、支付项目开发规划方案编制费用 50 万元并对原告实际损失承担 30% 的补偿责任。[①]

风险类行政协议除了具有由双方当事人共担风险的特征，法院还认为该类协议涉及公共服务，应当尽可能予以持续履行。如“大连普湾经济区管理委员会与大连益普燃气发展有限公司案”[②] 中，益普燃气公司与普湾经济区管委会签订《大连市普湾新区城市管道燃气投资经营框架协议》，约定益普公司享有“投资经营权地域范围”的燃气设施的区域经营权。后由于大连市区划管辖的调整，普湾经济区管委会单方取消了益普燃气公司的投资经营权。该案经大连市中级人民法院初审、辽宁省高级人民法院二审、最高院再审裁定，辽宁省高级人民法院再审认为，双方签订的《框架协议》虽然因区划变更影响其按原协议范围履行，但仍存在履行可能，则双方应按照未调整的行政区划部分范围内的城市管道燃气投资及运营的行政合同义务继续履行。

① 浙江省丽水市中级人民法院行政判决书，（2019）浙 11 行初 39 号。

② 一审辽宁省大连市中级人民法院行政判决书，（2017）辽 02 行初 136 号，二审辽宁省高级人民法院行政判决书，（2018）辽行终 1492 号，再审最高人民法院行政裁定书，（2019）最高法行申 5397 号，再审辽宁省高级人民法院行政判决书，（2020）辽行再 18 号。

第三章 我国行政协议单方变更、解除权的司法现状

自2014年11月1日《行政诉讼法》明确将行政协议纳入行政诉讼的范畴之时，理论界与实务界关于行政协议的讨论就从未休止，其中焦点之一在于行政协议的一方主体行政机关在行政协议履行的过程中，是否享有单方变更、解除权，行政机关在何种情形下享有单方变更、解除权及其正当性问题。目前我国《行政诉讼法》及《最高人民法院关于审理行政协议案件若干问题的规定》（以下简称《行政协议司法解释》）已在法律层面明确行政机关在行政协议中享有单方变更、解除权。[①] 此外，因行政协议兼具行政性与协议性双重属性，《行政协议司法解释》第27条认可了民事法律规范在行政协议中的参照适用，[②] 引入了民事合同中有关变更权、解除权的规定。民事法律规范与行政法律规范的共同适用将行政机关变更、解除行政协议的行为分为两种不同路径选择，即行政机关分别依照行政法律规范和民事法律规范而行使的不同性质的变更、解除权。然而在实践中，行政机关变更、解除行政协议的行为显然更具复杂性，因而法律的规定与司法的实践是否存在裂隙是需要我们通过司法裁判予以分析的。本章即试图通过法院对行政机关单方变更、解除协议行为的性质认定进行归纳总结，提炼出行政机关单方变更、解除权的司法现状及存在的问题和缘由。

① 参见我国《行政诉讼法》第12条第1款第11项："行政协议相对人认为行政机关不依法履行、未按照约定履行或者违法变更、解除政府特许经营协议、土地房屋征收补偿协议等协议的，可向法院提起行政诉讼。"《最高人民法院关于审理行政协议案件若干问题的规定》第16条：行政机关在履行行政协议过程中可出于维护国家利益、社会公共利益，作出变更、解除协议的行政行为。

② 参见《最高人民法院关于审理行政协议案件若干问题的规定》第27条第2款。

本章第一节首先从我国实定法对行政协议变更权、解除权的已有规定入手，概括总结法院依照行政法律规范与民事法律规范对行政机关单方变更、解除行政协议的司法裁判，以期探求法院在此二者基础上作出的判决是否是泾渭分明且能够涵括所有案件类型。这种以公法、私法法律规范为分析依据是基础且必要的，原因在于：首先，我国是公私法二元划分的国家，在整个法律体系中并存着行政法法律规定与民法法律规定；其次，如前所述，行政协议作为公法和私法混合的产物，同时具有行政性和协议性这两种分属公法与私法的性质，且《行政协议司法解释》已明确规定行政协议案件同时受到公私法律规范的调整，但是“参照民事法律规范”只是原则性规定，具体的参照方式仍须进一步探讨。第二节在当前司法现状的基础上，归纳概括我国单方变更、解除权的竞合情形，尤其是行政优益权与民事法律规则的竞合，并从现实案例中分析行政优益权在我国的实际意义。

第一节　我国法院对行政机关单方变更、解除权的司法认定

行政机关在行政协议履行过程中享有单方变更、解除权已在我国法律中予以确认。我国《行政诉讼法》第 12 条第 1 款第 11 项规定，行政协议相对人认为行政机关不依法履行、未按照约定履行或者违法变更、解除政府特许经营协议、土地房屋征收补偿协议等协议的，可向法院提起行政诉讼。《行政协议司法解释》第 16 条规定，行政机关在履行行政协议过程中可出于维护国家利益、社会公共利益，作出变更、解除协议的行政行为。此外依照《行政协议司法解释》第 27 条规定，在行政协议案件审理中可参照民事法律规范中对民事合同的相关规定。因此，行政机关除享有根据《行政诉讼法》赋予的单方变更、解除行政协议的权利外，还享有《民法典》第 562、563 条规定的约定解除权、法定解除

权[①]和《民法典》第533条所规定的因合同基础条件变化而产生的变更权、解除权（即情势变更规则）。[②]综上，仅从法律规范上观察，行政协议中行政机关的解除权可分为基于《行政诉讼法》《行政协议司法解释》行政法律规范和《民法典》民事法律规范两大类，具体又可分为行政法律规范规定的出于维护公共利益目的享有的变更、解除权与民事法律规范规定的基于不可抗力等原则的解除权、基于情势变更原则的变更、解除权和约定解除权。

虽然行政法律规范与民事法律规范已对变更权、解除权作出规定，但是在实践中法院对该类行为的性质判断并不能一目了然。当然导致这个问题的原因是复杂多样的，而行政机关在行政协议中的双重角色是这个问题的关键。行政机关除了作为行政协议的一方当事人受到协议关系调整之外，更重要的是其具有行政职权，有依法履行其行政职能的义务和权利。不同于普通民事合同，行政协议的订立目的并不在于允诺（promise）或盈利，行政机关与私主体签订行政协议的目的在于实现其行政管理或公共服务目标。[③]与之相对的是，私主体与行政机关签订协议的主要目的则是获得经济或政策上的优惠，以最终获得经济利益。因此，为了保证行政机关行政管理目的或公共服务目标的实现，法律赋予了其一定程度的“特权”，以保证其监督行政协议的履行。然而，从理论

---

① 《民法典》第562条：“当事人协商一致，可以解除合同。当事人可以约定一方解除合同的事由。解除合同的事由发生时，解除权人可以解除合同。”

《民法典》第563条：“有下列情形之一的，当事人可以解除合同：（一）因不可抗力致使不能实现合同目的；（二）在履行期限届满前，当事人一方明确表示或者以自己的行为表明不履行主要债务；（三）当事人一方迟延履行主要债务，经催告后在合理期限内仍未履行；（四）当事人一方迟延履行债务或者有其他违约行为致使不能实现合同目的；（五）法律规定的其他情形。以持续履行的债务为内容的不定期合同，当事人可以随时解除合同，但是应当在合理期限之前通知对方。”

② 《民法典》第533条：“合同成立后，合同的基础条件发生了当事人在订立合同时无法预见的、不属于商业风险的重大变化，继续履行合同对于当事人一方明显不公平的，受不利影响的当事人可以与对方重新协商；在合理期限内协商不成的，当事人可以请求人民法院或者仲裁机构变更或者解除合同。人民法院或者仲裁机构应当结合案件的实际情况，根据公平原则变更或者解除合同。”

③ 参见《最高人民法院关于审理行政协议案件若干问题的规定》第1条。

上的出发点看起来十分明确，但在行政协议实际履行过程中，当缔约行政机关主张其依照行政法律规范作出行政行为时，我们无法断然判断该行为究竟是如《行政诉讼法》中规定的基于维护国家利益、社会公共利益，抑或行政机关以这种公法行为意在逃脱协议本身的束缚，甚至为了规避行政协议本身的商业风险或“亏本交易”（bad bargain）。此外，《民法典》等民事法律规范的参照适用更可能导致行政机关基于民事法律规则而实现“从公法向私法的逃逸”。

本文以“中国裁判文书网”发布的行政机关单方变更、解除行政协议案件为分析样本，归纳总结法院对该行为的不同认定情形。由于在行政协议案件中涉及行政机关单方变更、解除行为案件众多，且其中包含行政协议相对人请求法院解除协议的案件。为更精确地检索与本文主题相关案件，笔者以“单方变更、解除”“公共利益”和“违约”为关键词在裁判文书“理由部分”进行交叉检索，共得到有效裁判文书267篇。通过对上述文书逐一梳理，总结归纳出法院对行政机关单方变更、解除行政协议认定的三种情形。

一、基于行政法律规范的单方变更、解除权

我国《行政诉讼法》第12条明确规定行政机关违法变更、解除政府特许经营协议、土地房屋征收补偿协议等协议的行为属于行政诉讼法受案范围，并通过《行政协议司法解释》将“等协议”除上述两类协议外，进一步扩展到矿业权等国有自然资源使用权出让协议、政府投资的保障性住房的租赁、买卖等协议、为实现行政管理和公共服务目标的政府与社会资本合作协议，以及兜底性条款“其他行政协议”，这就使得行政协议单方变更、解除权的绝大部分案件受到行政法律规范的调整。因此，有法院在判决书中指出，“在行政协议的履行过程中，行政机关既可以依照约定及不违反行政法强制性规定的民事法律规范行使合同一方当事人的权利，也可以依照行政法律规范直接行使行政优益权”[①]。行政机关在行政协议中行使优益权是行政协议行政性的集中体现，也被部分学

① 江西省高级人民法院行政判决书，（2019）赣行终635号。

者看作行政协议与民事合同的区分标准。在行政协议案件审理过程中，法院普遍认为行政性是行政协议与民事合同的主要区别，当发生公共利益严重受损或者影响行政管理目标实现时，法院一般认可行政机关基于优益权单方变更、解除协议，但同样该权力的行使受到一定的限制。① 虽然我国实定法从未对“行政优益权”作出规定，但是这并不影响我国法院在司法实践中以优益权理论作出判决。通过对案件裁判文书的分析，笔者发现在不同的行政协议案件中，法院对行政机关的这种优益权的论证思路有所不同。

二、基于民事法律规范的单方变更、解除权

虽然法院对行政机关单方变更、解除协议的行为绝大部分依照《行政诉讼法》相关规定进行合法性审查，但在检索过程中，也有部分案例法院单独依照我国民事法律规范作出裁判。法院认为在行政协议订立、履行过程中，行政机关的行为可大致分为行使优益权的行为和合同行为两大类，② 因此，行政协议缔结后，双方当事人均应当按照约定履行义务。最高人民法院在“湖北草本工房诉荆州经济技术开发区管委会案”③ 中明确指出，在履行过程中出现纠纷时，尤其是行政协议对方当事人出现违反法律、法规或协议约定的行为时，行政机关有权按照《合同法》相关规定主张解除合同；如果对方当事人的行为符合约定解除条件，则此时没有行政优益权行使之必要。此时的合同解除权可看作通过协商解除，因而并未以行政法律规范为依据。当协商解除不损害国家利益、社会公共利益和第三人合法权益时，法院予以支持。④ 在行政协议缔约行政机关非基于优益权而主张解除或撤销行政协议或行政相对人请求解除或撤销行政协

① 最高人民法院行政裁定书，(2018) 最高法行申 3007 号；黑龙江省高级人民法院行政判决书，(2018) 黑行终 15 号。

② 甘肃省兰州市中级人民法院行政裁定书，(2019) 甘 01 行终 212 号。

③ 最高人民法院行政裁定书，(2017) 最高法行申 3564 号。

④ 湖南省高级人民法院行政裁定书，(2019) 湘行申 867 号。

议等不涉及行政机关优益权审查的行政协议案件中，应当更加注重行政协议的合同性。[①] 因此，我国司法机关明确了行政机关可以基于民事法律规范进行变更、解除行政协议。

例如，在“宏达汽车配件有限公司诉莆田市国土资源局荔城分局”案中，法院就指出：由于莆田市人民政府于 2013 年 8 月 16 日将涉案土地由工业用地调整为商住综合用地而发生情势变更的情形，导致土地出让合同事实上和法律上不能继续履行，根据《合同法》第 110 条的规定，被告可以单方解除土地出让合同。故认定被告于 2015 年 11 月 18 日作出的解除该土地出让合同并无不当。[②]

三、法院创设的单方变更、解除权

除上文提及的两类有法律规范的单方变更、解除权外，我国法院还通过判例创设了一种不同于以上两种的单方变更、解除权。

在“唐某某诉贵州省关岭布依族苗族自治县人民政府房屋征收补偿纠纷再审案”中，[③] 法院认为《国有土地上房屋征收与补偿条例》第 34 条规定，房地产价格评估机构或者房地产估价师出具虚假或者有重大差错的评估报告，造成损失的，依法承担赔偿责任。本案关岭布依族苗族自治县（以下简称“关岭县”）政府提交的黔峰源公司出具的《情况说明》载明，系因该公司提交的调查附表存在工作失误，导致经营面积确认错误，此《情况说明》如属实，也应当在案涉协议双方协商变更不成的情况下，依据上述规定由黔峰源公司承担责任，而不存在损害国家利益和社会公共利益的情形。

进一步说，关岭县政府主张“经营性用房”面积认定错误，尚需更加充分的证据予以证明。本案关岭县政府仅在案涉协议履行完毕后提交与本案有一定利害关系的黔峰源公司出具的《房屋面积测绘报告》与《情况说明》及其他分户报

---

① 四川省高级人民法院行政裁定书，（2018）川行申 1140 号。

② 福建省莆田市中级人民法院行政判决书，（2017）闽 03 行终 187 号。

③ 最高人民法院行政裁定书，（2018）最高法行申 8980 号。

告等，并不足以证明本案“经营性用房”面积认定错误，更不能以此径行作出单方变更协议决定。关岭县政府关于二审法院对本案涉诉经营性用房的认定错误的再审申请理由不能成立，本院不予支持。故关岭县政府作出的《行政决定书》对经营性用房的认定，事实不清，主要证据不足，缺乏法律依据，应予撤销。二审法院判决撤销一审判决及关岭县政府作出的被诉行政决定，并无不当。关岭县政府的再审申请不符合《中华人民共和国行政诉讼法》第 91 条规定的情形。依照《最高人民法院关于适用〈中华人民共和国行政诉讼法〉的解释》第 116 条第 2 款之规定，裁定驳回贵州省关岭布依族苗族自治县人民政府的再审申请。

在我国现行行政诉讼法律制度下，行政机关不能作为行政诉讼的原告。为解决行政机关不能起诉行政相对人的问题，亦为行政机关在行政协议中实现行政管理和公共服务目的，司法实践中有些法院探索设置了行政协议非诉执行程序，即如果行政协议中约定了强制执行条款，且该条款符合法律规定、内容明确并具有可执行内容，行政机关可依据该约定向法院申请非诉强制执行；未约定强制执行条款的，行政机关亦可通过作出书面决定，再将行政决定作为执行名义向人民法院申请强制执行。这一探索虽然明确了协议相对人不履行协议或者不按照约定履行协议之时行政机关的救济路径，但在面对行政协议内容因某些正当理由，可能需要变更、终止甚至撤销时，行政机关仍不能以提起行政诉讼寻求司法救济。

本案中，关岭县政府提交的黔峰源公司出具的《情况说明》载明，因该公司提交的调查附表存在工作失误，导致经营面积确认错误。故本案实质系关岭县政府认为其在订立协议过程中，对协议的基本事实认知出现偏差，而主张协议相关内容应予变更。如果案涉协议是民事合同，可以根据《中华人民共和国合同法》第 54 条（现《民法典》第 147 条）规定，提起诉讼或仲裁，由人民法院或者仲裁机构变更或者撤销。但案涉协议为行政协议，行政机关不能成为行政协议诉讼原告。在这种情况下，依据《中华人民共和国合同法》第 77 条（现《民法典》第 543 条）“当事人协商一致，可以变更合同”的规定，关岭县政府可以与唐某某进行协商，在双方协商达成一致的基础上对合同内容予以变更。

但因与唐某某协商未果，关岭县政府遂根据黔峰源公司对唐某某房屋重新作出的《房屋面积测绘报告》与《情况说明》，以及贵州安顺九鼎房地产估价有限公司作出的《唐某某户房屋征收评估分户报告》等，作出本案《行政决定书》。

第二节　当前司法裁判中存在的问题及缘由

一、司法裁判中存在的问题

如前所述，虽然法院对行政机关变更、解除协议的行为作出了三种划分，但是由于行政协议“行政性”与“协议性”的双重属性，此三种划分存在相互竞合、难以区分的问题。通过在“北大法宝”“中国裁判文书网”等网站检索、分析行政机关变更、解除行政协议的案件，不难发现实际案例中行政机关变更、解除行政协议的理由并未予以区分，概而言之为“维护公共利益”；法院在审理相关案件时，不同法院对行政机关变更、解除行政协议的行为性质、适用条件等认定标准各不相同，甚至同一法院同一判决书中的标准也有前后不一致的情形。[①]行政机关单方变更、解除协议的依据也往往交织在民法规则和“公共利益”之间。

（一）行政协议“行政行为”论

在“冯某与临湘市自然资源局”案[②]中，冯某等五人与原临湘市国土资源局签订《国有土地使用权出让合同》，后临湘市自然资源局在收到市纪检委及市人民政府出具的处理建议函后决定撤销其与冯某签订的上述协议。冯某对临湘

① 湖北草本工房案，二审湖北省高级人民法院行政判决书，（2016）鄂行终684号、再审最高人民法院行政裁定书，（2017）最高法行申3564号；贵州省黔南布依族苗族自治州中级人民法院二审行政判决书，（2019）黔27行终38号。

② 湖南省高级人民法院行政判决书，（2020）湘行再40号。

市自然资源局的处理不服，向法院提起诉讼。湖南省高级人民法院认为，本案国有土地使用权出让协议所涉及的是陈某某、王某某伙同临湘市自然资源局的有关人员弄虚作假，从而骗取临湘市人民政府出具了国有土地使用权出让批准书，随后临湘市国土资源局与冯某签订了国有土地使用权出让协议。根据现有证据可以认定冯某等人通过拍卖方式取得的临湘市区长五中路与向阳路口交汇处的国有土地使用权（原农机公司办公楼）本不属于拍卖范围，若继续履行冯某与临湘市自然资源局签订的行政协议将损害国家、社会公共利益。故法院以行政优益权合法行使为由认为行政机关有权撤销该协议。湖南省高级人民法院在再审判决书中指出：

> 行政行为一经作出即具有公定力，非经法定程序，不得否定其法律效力，但行政机关亦具有自我纠错的机能，如果原行政行为作出时所根据的事实状态发生了变化，抑或出现了足以推翻原行政行为的新证据，行政行为的存续会损害国家利益或社会公共利益的，行政机关基于行政优益权，可以撤销或者改变原行政行为。根据原审法院查明的事实，陈某某、王某某伙同原临湘市国土资源局的有关人员，通过弄虚作假、私自扩大拍卖土地范围的方式，骗取临湘市人民政府批准将留作道路拓宽用的400平方米国有土地出让给冯某等五人，严重损害了国家利益。原临湘市国土资源局基于上述事实，撤销同冯某等五人签订的国有土地出让合同并无不当。

从该案裁判文书我们可以看出，湖南省高级人民法院将涉案行政协议看作一种“行政行为”，同时认为由于该协议订立的客观事实状态发生了变化，出现推翻原行政行为的新证据，导致行政协议的继续履行将对国家利益、社会公共利益造成损害，因此国土资源局有权依照行政优益权对该协议予以撤销。

（二）行政协议“无效”论

在“黄某某与梅州市梅江区土地房屋征收安置中心案”[①] 中，因时任征收工

① 广东省梅州市中级人民法院行政判决书，（2020）粤14行终88号。

作队资料员的陈某某利用职务之便擅自将被部分征收房屋登记给原告黄某某，被告与原告签订《补偿安置协议》。后被告以原告和陈某某串通，虚构了被征收房屋事实为由，作出《解除〈补偿安置协议〉决定书》，决定解除与原告签订的《补偿安置协议》，并限期原告返还征收补偿奖励款。原告认为被告单方解除协议的行为不符合法律规定，向法院提起诉讼。广东省梅州市中级人民法院经审理认为：

> 本案中，上诉人黄某某不是涉案被征收房屋的产权人，其不具有被征收人主体资格，其与被上诉人区安置中心签订的《补偿安置协议》是通过欺诈手段或者与他人恶意串通订立的，违反了《中华人民共和国合同法》的规定，应当认定为无效，上诉人因《补偿安置协议》取得的财产，应当予以返还。被上诉人基于对行政协议不能提起反诉，行使行政优益权，单方解除《补偿安置协议》并要求上诉人返还因《补偿安置协议》而领取的奖励款人民币 36 750 元，并无不当。

从该案判决书可看出，广东省梅州市中级人民法院以案涉《补偿安置协议》是原告和他人恶意串通、以欺诈方式与被告签订的，根据《合同法》相关规定，该《补偿安置协议》本身应当认定为无效合同。同时梅州市中级人民法院指出，行政机关不能作为行政诉讼的原告主动提起诉讼，但基于该行政协议本身是无效的，因此行政机关可以行使优益权单方解除协议。该案中，法院没有特别强调由于原告（上诉人）与他人存在欺诈行为而缔结行政协议，从而导致“公共利益”受到损害，而是以《合同法》中对合同无效条款的规定为参照，认定案涉行政协议无效，成就了优益权的行使条件。

（三）违约与“目的落空”结合论

在“黄石恒天经纬纺织机械有限公司与大冶市自然资源和规划局案”[①]中，

① 湖北省黄石市中级人民法院行政判决书，（2020）鄂 02 行终 178 号。

黄石恒天经纬纺织机械有限公司（以下简称“经纬公司”）与黄石某技术开发区管委会签订《协议书》和《补充协议书》约定进行投资开发建设，经纬公司在竞标获得涉案土地使用权后与原大冶市国土资源局签订了《国有建设用地使用权出让合同》。但经纬公司经原大冶市国土资源局催收后仍一直未能全部缴清土地出让金，原大冶市国土资源局以经纬公司严重违约为由，通知其解除签订的《国有建设用地使用权出让合同》且经纬公司缴纳的保证金不予返还。经纬公司认为该单方解除合同的行为违反法律规定，遂提起行政诉讼。湖北省黄石市中级人民法院在判决书中对行政优益权作出了解释：

> 为了更好实现行政管理目标，维护公共利益，在行政协议中，行政机关享有一定的监督权、优益权。这一优益权主要体现为，行政机关在符合法定条件的情况下，有权决定解除或者变更行政协议，但必须遵循正当程序……本案中，经纬公司未能按照合同的约定缴纳土地出让金，且在催收后仍未缴纳，致使出让合同的目的已无法实现，损害了公共利益，故作为出让合同一方当事人的行政机关原大冶市国土资源局有权行使行政优益权解除出让合同……行政协议中行政机关解除协议的优益权源自行政法理，这一理论在《最高人民法院关于审理行政协议案件若干问题的规定》（2020 年 1 月 1 日施行）第十六条中得到体现，该项权力的行使通常情况下以损害公共利益为前提，并无其他附加条件，另外对该权力的行使期限尚无具体限制性规定。

湖北省黄石市中级人民法院在判决书中对“行政优益权”进行了解释，认为这种优益权源自行政法理，也在我国司法解释条文中得到体现。优益权的行使条件为“损害公共利益”，并无其他附加条件。经纬公司一直未按合同约定缴纳土地出让金致使合同目的无法实现，已造成公共利益的损害。因此，原大冶市国土资源局有权以行政优益权解除案涉合同。该案法院将行政协议相对人的违约行为导致的合同目的无法实现直接认定为“公共利益的损害”，从而推导出行政优益权的行使条件已达成。

二、司法裁判混乱的缘由

（一）对行政协议的范围、类别界定不明确

行政协议是相对民事合同而言的，然而我国民事合同与行政合同的区分标准一直未能形成共识。有学者认为，“我国行政法和行政法学没有能够说明民事合同与行政合同的本质区别，也没有能够将行政合同真正从民事合同中分离出来”①。更有甚者对行政协议能否独立于民事合同而存在提出质疑，如曾有民法学者对“行政协议”予以全盘否认。②虽然民法学者们对行政协议的态度已经随着2014年《行政诉讼法》发生了“软化”转变，从之前对行政协议的“全盘否定”转向“严格限缩”，③但是民法学者们对行政协议的警惕性与谨慎性从未发生变化，反之这种态度随着行政协议在现实中的广泛应用而愈发强烈。也许正是考虑到民法学界对行政协议的“反感”，我国立法机关在2017年修正《行政诉讼法》时依然避免对行政协议进行界定，甚至全文没有出现“行政合同”和“行政协议”的表述，而是采用极为委婉的表述，以“政府特许经营协议、土地房屋征收补偿协议等协议”来指代我国的行政协议。④这种回避态度显然无法回应当前的实际问题，因此最高人民法院经多次讨论、修改，在2019年发

① 王克稳:《论行政合同与民事合同的分离》，载《行政法学研究》1997年第4期。

② 梁慧星教授认为，本质上属于市场交易的行为，并不因一方当事人为行政机关而影响民事合同的性质。参见梁慧星:《民法学说判例与立法研究（二）》，国家行政学院出版社1999年版，第190–191页。

③ 崔建远教授曾在《行政合同之我见》中提出，某个特定的政府部门在行使国家赋予的行政管理权限时，具有行政主体的身份，而政府在执行经济计划时，与企业签订合同并由企业承担计划中的某些任务，应属于合同法上的经济合同而非行政合同。此后，崔建远教授在《行政合同族的边界及其确定根据》一文中指出，应当严格规定行政协议的范畴，以限制行政权力的膨胀。参见崔建远:《行政合同之我见》，载《河南省政法管理干部学院学报》，2004年第1期；崔建远:《行政合同族的边界及其确定根据》，载《环球法律评论》2017年第4期。

④ 参见《行政诉讼法》第12条第1款第11项。

布《关于审理行政协议案件若干问题的规定》。在该司法解释中，最高人民法院对行政协议作出界定，认为行政机关以实现行政管理或者公共服务目标，与私主体协商订立的具有行政法上权利义务内容的协议，均属于《行政诉讼法》第12条规定的行政协议范畴，并具体列举了五种行政协议，还通过设定兜底条款的方式，将未予列举之协议留下认定的空间。

可以说，我国行政协议的范围之广是相当独特的，而现实中行政协议的种类、范围也较《行政诉讼法》所列举的更为广泛。但同时，现实中的应用与实体法规定的“模糊不清”存在着断裂。民法与行政法对行政协议范围、类别的争议从根本上影响着行政协议中单方变更、解除权的适用，这不仅体现在民事合同中不存在行政机关基于行政法规则的单方变更、解除权，同样也决定了行政机关单方变更、解除权在不同种类的行政协议中可能有不同形式的表现。因此，若要对我国行政协议中的单方变更、解除权进行讨论，应以我国行政协议的类别化研究为前提和基础。

（二）民法规则与行政法规则的共同适用

在实践中，我国《行政诉讼法》《民法典》的三类解除权同时存在相互交叉的情形。以合同的解除权为例，我国《行政诉讼法》[①]及《行政协议司法解释》[②]规定，行政机关在行政协议履行过程中享有单方变更权。此外，依照

① 《行政诉讼法》第78条：“被告不依法履行、未按照约定履行或者违法变更、解除本法第十二条第一款第十一项规定的协议的，人民法院判决被告承担继续履行、采取补救措施或者赔偿损失等责任。被告变更、解除本法第十二条第一款第十一项规定的协议合法，但未依法给予补偿的，人民法院判决给予补偿。”

② 《行政协议司法解释》第16条：“在履行行政协议过程中，可能出现严重损害国家利益、社会公共利益的情形，被告作出变更、解除协议的行政行为后，原告请求撤销该行为，人民法院经审理认为该行为合法的，判决驳回原告诉讼请求；给原告造成损失的，判决被告予以补偿。被告变更、解除行政协议的行政行为存在行政诉讼法第七十条规定情形的，人民法院判决撤销或者部分撤销，并可以责令被告重新作出行政行为。被告变更、解除行政协议的行政行为违法，人民法院可以依据行政诉讼法第七十八条的规定判决被告继续履行协议、采取补救措施；给原告造成损失的，判决被告予以赔偿。”

《民法典》第533条，因合同基础条件发生不可预见、不属于商业风险的重大变化时，合同当事人可请求解除合同，此条款又被称作民法中的“情势变更规则”。依照《民法典》第563条，合同的解除还有不可抗力等法定原因。综上，行政协议履行过程中行政机关单方解除行政协议的行为在法律规定上存在三种可能性：第一，基于《行政诉讼法》赋予的优益权行使变更、解除权；第二，基于《民法典》第563条不可抗力规则等法定原因解除行政协议；第三，基于《民法典》第533条情势变更规则变更、解除行政协议。在现实中往往“演变”为行政机关以“因情势发生重大变化，继续履行对国家利益、公共利益造成损失”为由自行变更、解除行政协议。[①] 此时，行政机关单方变更、解除行政协议的行为究竟是基于维护公共利益还是情势变更规则，抑或是将商业风险等因素作为情势变更，假借“维护公共利益”之名转嫁商业风险，就存在诸多疑问了。

事实上，无论是私法合同还是公法合同，履行过程中均可能因外部环境及时间的延续而发生变化，因为合同本身就是与“时间”密切相关，合同关系也在时间上发生延续。[②] 这种时间上的延续关系在以长期性（即须经一段时间方能完成协议的履行义务）为特征的行政协议中体现得尤为明显。因此，无论是合同本身的履行问题，抑或合同的外在环境都可能因时间的延续而发生变化。此时，这种变化就成为合同中广义的“情势变更”问题。情势变更作为同时存在于公法与私法领域的现象，甚至超越公、私法二元区分局限的法律概念，不仅体现在民法、合同法之中，在行政法领域也相当常见。基于情势变更引发的法律争议，若限定在行政协议领域，我们应当认识到因公权力及公权力机关的参与而与民法、合同法之中的情形有所区别，更具特殊性。

---

① 相关案例参见统邦集团有限公司、遂昌县人民政府土地行政协议案，浙江省高级人民法院行政判决书，（2017）浙行终1629号。

② 参见陈淳文：《论行政契约法上之情势变更问题》，载《公法学与政治理论——吴庚大法官荣退论文集》，元照出版有限公司2004年版，第621-659页。

（三）单方变更、解除权适用条件的缺失

各级法院在审理行政机关单方解除行政协议案件时，对行政机关解除协议的行为的性质认定各不相同。有的法院认为这是基于行政机关享有的优益权基础，有的法院则否认优益权而认为此种解除基于合同的客观情况发生变化，甚至有的法院在裁判书中指出单方变更或者解除权是以公共利益或基于情势变更需要为前提的。[①]这种将行政优益权与情势变更规则相混淆，甚至将行政优益权与情势变更规则捆绑在一起的做法，无论是从行政优益权的理论基础、《行政协议司法解释》还是行政协议案件审理的司法实践上看，都存在诸多矛盾之处。这种将情势变更规则与优益权相混同的理由，无疑给行政机关单方解除行政协议的适用条件开了一个口子。在实践中，因行政机关行为导致行政协议履行遭遇情势变更同样存在三种情况：第一，行政协议中的行政机关基于协议关系作出行政行为，导致协议客观情况发生重大变化；第二，行政协议中的行政机关在协议关系之外作出行政行为，导致协议客观情况发生重大变化；第三，非行政协议中的行政机关作出行政行为，导致行政协议的客观情况发生重大变化。

但目前我国《行政诉讼法》及《行政协议司法解释》相关条款对行政协议中行政机关单方变更、解除的规定较为原则，均未明确单方变更、解除行政协议的条件，导致实际审理过程中行政机关单方变更、解除的案件在解除适用条件、程序、赔偿补偿方式等方面出现裁判差别较大的情形。当前，行政机关在协议中的单方解除权来自行政优益权的观点虽在行政法学界得到普遍认可，[②]但

① 参见最高人民法院行政裁定书，（2017）最高法行申 4590 号；林甸县民政局、马某某案，黑龙江省大庆市中级人民法院行政判决书，（2019）黑 06 行终 34 号。

② 罗豪才、湛中乐主编：《行政法学》（第 4 版），北京大学出版社 2016 年版，第 281–291 页；邢鸿飞：《行政契约》，载应松年主编《当代中国行政法》（第 5 卷），人民出版社 2018 年版，第 1746–1749 页。裁判文书参见最高人民法院行政裁定书（2017）最高法行申 4590 号、（2017）最高法行申 3564 号等。

因行政协议兼具行政性与协议性双重属性，若将行政协议中的情势变更问题[①]决然地全部归纳为基于优益权的行使单方变更、解除权，而忽略民事合同中的不可抗力规则与情势变更规则，[②]甚至将行政优益权与情势变更规则混为一谈，无疑将导致该类案件的审理产生矛盾，陷入困境，亦不利于法院监督行政机关依法依约履行行政协议、保障私主体合法权益。因此，明晰我国行政机关变更、解除行政协议的类型，厘清基于优益权、基于不可抗力与情势变更规则的边界，是摆脱当前困境的必由之路。

① 需特别指出，本文中情势变更与情势变更规则是两个不同的概念，情势变更是指合同成立后履行过程中客观环境发生巨大变化的情况；情势变更规则是指合同法中因合同基础或客观环境发生变化，法院允许对合同进行法律上的调整。

② 基于情势变更引发的法律问题在民法、行政法等领域均有体现，因此，情势变更超越公私法二元区分而同时存在于公法和私法之中。情势变更原则在方法论上究竟属于行政法一般原则，还是行政法并无此规定，而“类推适用”私法中的情势变更原则在学理上具有争议，本文无意探讨此问题。但不可否认的是，情势变更规则在各国行政法院中早就适用。

第四章

单方变更、解除权的理论争议

民法与行政法分别对合同（协议）履行中单方的变更权、解除权作出规定，造成了司法裁判不统一、具体案件适用法律的困难。不仅民法与行政法均在实体法上对单方变更权、解除权有所规定，民法学界和行政法学界也分别对本领域内的变更、解除权理论依据有深层次的讨论。然而遗憾的是，限于学科的界限，迄今为止民法学者与行政法学者之间并未进行过跨学科的深入交流，从而导致双方在行政协议单方变更、解除权的学术观点上存在较大的分歧。① 从实践中看，法院在民法规则与行政法规都对变更权、解除权作出规定之时，选择哪一种法律进路作为具体案件裁判依据的困境，归根结底在于我国学界关于单方变更权、解除权仍存在理论上的混乱和争议。换言之，既然公法和私法都对变更权、解除权作出了规定，那么公法规范与私法规范是否就此泾渭分明？抑或此二者之间存在交叉、竞合的情形？公法与私法关于单方变更权、解除权的出发点分别是什么？其背后的价值考量是否具有相通性，抑或截然不同？欲回答上述问题，我们需要回归理论，分别从行政法和民法出发，分析法律规范上变更权、解除权背后的理论内涵和价值取向。

本章将继续沿用公法与私法的二分思路，第一节从情势变更出发，说明情势变更跨越了公法与私法的界限，是同时存在于公法与私法领域的现象和法律

① 我国也有部分民法学者和行政法学者尝试对行政协议中的民法规则与行政法规则予以说明、阐释，但这种交流并不深入，且未获得民法学界与行政法学界的回应与共识。

概念，也是民法和行政法规定“单方变更、解除”行为的客观基础。[①] 并进一步阐述情势变更的类别及其对合同履行造成的不能履行和履行艰难两种后果。第二、三节分别从私法和公法两条路径出发，分别阐述公、私法针对因情势变更导致的合同不能履行或履行艰难发展出了哪些理论和规则，以及公法与私法对合同履行中的变更、解除权背后的逻辑和理论内涵。此外，在第二、三节中，还采用了比较的研究方法，通过对德、法大陆法系国家和英、美普通法系国家关于单方变更、解除权的规则设计和背后原理的介绍，对比我国民法与行政法上关于单方变更、解除权的实体法规定与理论内涵。最后，在第四节总体上归纳总结公法与私法有关单方变更权、解除权的异同点，从而找到民法与行政法之间“交叉的源头”。本章的核心命题在于梳理民法、行政法两条不同路径上的单方变更权、解除权，并试图说明此二者之间的关系，回答公法、私法对单方变更、解除权的看法是否完全对立、二者是否存在共通性这个问题。

第一节　单方变更、解除权的客观基础

民事合同和行政协议有着高度的相似性，比如二者都具有合意性，一旦合同签订，合同双方当事人都需要履行合同规定的义务、承担相应的责任。可以说，此二者都具有合同最基本的特征和要素。同样，正因为民事合同与行政协议有着所有合同共通的特质，因此二者也存在着相同的问题。原因在于，所有合同均与时间存在密切关系，合同关系也在时间上发生延续。[②]

因此无论是合同履行的外部客观条件，还是合同本身的履行问题，均可能因时间的延续而发生变化，这种变化就是情势变更。须强调，情势变更在这个语境下应作广义理解，而非我们通常所熟知的情势变更制度。情势变更作为同

① 也称为情事变更，二者在内涵与外延上并无区别，本文统一使用“情势变更”。须注意，本文中“情势变更”与“情势变更规则”严格区分。

② 参见陈淳文:《论行政契约法上之情事变更问题》，载《公法学与政治理论——吴庚大法官荣退论文集》，元照出版有限公司 2004 年版，第 621-659 页。

时存在于公法与私法领域的现象，其本身并不具有公法或私法的单独属性。同时我们要认识到，情势变更并不必然损害合同的效力，反之，正是合同双方基于对未来不确定性的预判，才促使双方订立合同，以规避因时间而导致的风险。①

一、情势变更的类型

对情势变更规则、不可抗力规则以及行政优益权理论的研究离不开对“情势”的界定，将抽象的法律原则“规则化”最重要的途径就是将其所调整的对象加以类别化。②因此，欲讨论行政协议中单方变更权、解除权的理论争议，必须首先对行政协议中的“情势”予以论述。

合同中的“情势”是指合同缔结时的法律社会秩序、经济秩序、货币的特定购买力等作为合同基础的事实。③从比较法的视野看，德国法上的“情势”除包含客观条件外，还包括了主观法律基础。④从我国立法和学术研究现状看，因我国公私法二元划分法律体系和法学学科分类的现实情况，我国学者对于情势变更的研究多集中于民法学界。我国合同法中“情势”的范围限定于客观条件范围内而排除了主观基础，这不仅是立法者的态度，民法学者亦认为合同缔结时的主观错误应属于合同效力制度中的“重大误解”，而不存在适用情势变更

① See Larrinaga & Co Ltd *v.* Société Franco Americaine des Phosphates de Medulla All ER Rep 1 (HL) 7 (1923) (Lord Atkinson) at “*Contracts are made for the purpose of fixing the incidence of risks in advance*”.

② 参见［德］卡尔·拉伦茨:《德国民法通论》(下册)，王晓晔等译，法律出版社2003年版，第541页。

③ 参见韩世远:《履行障碍法的体系》，法律出版社2006年版，第44页。

④ 拉伦茨将法律行为基础分为主观的行为基础和客观的行为基础，其中主观的行为基础是指合同缔结的过程中表明的且对双方当事人动机发挥一定作用的前提观念；客观的行为基础是指为了实现合同目的而在逻辑上必须存在的客观全部情事。参见［德］卡尔·拉伦茨:《德国民法通论》(下册)，王晓晔等译，法律出版社2003年版，第536–538页。

规则的空间。[①] 因此在我国的语境下，合同履行过程中情势之变化应为客观条件的变化，即包括战争、自然灾害、法律政策调整、罢工、货币价值异常波动等情形，更有学者将其分为“大情事变更说”与“小情事变更说”。[②] 当然，这种罗列只是笼统地说明客观情势的框架，若将以上情形予以归类，合同履行过程中客观情势的变化可分为自然灾害、社会条件变化和政府行为三个方面。

自然灾害包括山体滑坡、海啸等自然环境的变化，这一类情势之变化一般也被归入我国不可抗力规则中的“不可抗力”。[③] 社会条件的变化较之自然条件更为复杂，有学者认为只有重大社会事变，如经济危机带来的币值巨大波动、物价短期内的大幅上涨或战争、武装冲突等将导致债之履行艰难和不公平后果，才可认定为情势变更。[④] 最后，此三者中最为复杂的因素当数因公权力的行使产生的政策变化、规划调整和体制变动等。如何认定这种政府作出的行为，民法学者们有不同的观点，有的认为应属于不可抗力，[⑤] 还有学者则认为应适用情势变更。[⑥] 但总体而言，民法学者多对这类行政行为导致的合同履行障碍采取更为谨慎的态度，尤其需要以此为由免除当事人的法律责任之时。

须指出，以上讨论均限定在民事合同范畴之内，因为没有进一步探讨政府行为的种类之必要而将政府行为作宽泛理解。然而，与传统民事合同不同的是，行政协议中行政机关的双重性，即作为行政协议的一方当事人的同时，还享有行政机关本身的管理职权，导致该领域因公权力行使引发的情势变更，较之民事合同更具复杂性与特殊性。原因在于：首先，国家机关可在法律规定的权限

① 参见韩世远：《履行障碍法的体系》，法律出版社 2006 年版，第 54 页。

② 参见马永双：《合同法中的情事变更原则适用研究》，载《河北大学学报（哲学社会科学版）》1999 年第 2 期；于定明：《也谈情事变更制度的构成要件》，载《法学杂志》2005 年第 2 期。

③ 情势变更是指合同基础的变化，在我国合同法中可能导向情势变更规则的适用也可能导向不可抗力规则的适用。具体二者的区分将在后文详述。

④ 参见王德山：《论情势变更制度的适用要件》，载《法学杂志》2008 年第 1 期。

⑤ 参见刘瑛：《论以新冠疫情作为中美商事合同的免责事由》，载《山西大学学报（哲学社会科学版）》2020 年第 4 期。

⑥ 参见刘凯湘、张海峡：《论不可抗力》，载《法学研究》2000 年第 6 期；韩强：《情势变更原则的类型化研究》，载《法学研究》2010 年第 4 期。

范围内行使立法权，制定地方性法规、规章等法律规范性文件，而地方性法规、规章的制定甚至政策的变化可能直接导致协议无法按原约定履行，尤其是当约定内容与规范性文件的冲突使得协议在法律上履行不能时；其次，行政机关可通过上述活动改变行政协议的客观基础，从而拒绝依约履行行政协议，以此转嫁协议中存在的商业风险；最后，这种政策法规的变化往往导致协议双方当事人无法通过协商解决该履行障碍。基于此，我们有必要对行政协议中因公权力行使导致的情势变更进行更为细化的分类。以行为作出主体为分类标准，将该类公权力行为分为由缔约行政机关作出和非缔约行政机关作出两大类。在此基础上，再将同是缔约行政机关作出的行政行为分为该行为是基于行政管理职权作出和基于行政协议本身作出两类。因此，行政协议履行中公权力的行使具体可以分为以下三种情况：第一，非行政协议缔约方的行政机关所作行政行为；第二，行政协议缔约方基于公共管理职权所作行政行为，又可理解为行政协议缔约方基于裁量权所作行为；第三，行政协议缔约方基于协议本身所作行为。值得注意的是，此三种情形不仅存在于公私法二元划分的大陆法系国家，英美法系国家政府合同之中亦然。[①] 无论是上文中所讨论的自然灾害、社会变动，还是政府行为，从结果上看，均会成为协议履行过程中的“障碍”，导致协议虽仍存在履行的可能性但对义务人而言负担极重、显失公平或者完全不存在履行的可能性，见表 4.1。

表 4.1　情势变更的类型

	举例		
自然灾害	地震、海啸等		
社会事件	战乱、罢工等		
公权力行使	非行政协议缔约方所作行为	行政协议缔约方基于行政职权所作行政行为	行政协议缔约方基于协议所作行为

情势变更所导致的后果将在本节第二部分具体表述。而因以上类别的情势

① See A.C.L Davies, *the Public Law of Government Contract,* Oxford University Press, 2008, p.169–170.

变更导致广义上"履行障碍"，若从性质上具体分析，我们可以发现不同类型的情势变更将导向不同的法律规则（原则）、理论的适用，因而其法律依据、法律效果也有所差异，这种差异性将在本章的第二、三、四节分别予以论述。

二、情势变更的后果

合同客观基础的变化对合同履行问题的影响从结果上看有两种可能性：合同履行不能与合同履行艰难。此二者对债务人而言有所区别，合同履行的不能是指合同在客观上对任何人都已完全不存在履行的可能性，而合同履行的艰难是指合同在事实上、物理上、逻辑上仍可以履行，只是存在履行成本过高、债务人负担过于沉重的情况。情势变更导致的履行不能和履行艰难两种不同的结果在我国民法中常常被看作是从结果上区分不可抗力规则与情势变更规则的标准。[①] 从比较法上看，履行不能和履行艰难在英、美普通法系国家与德、法大陆法系国家的规定也有所区别。

（一）履行不能

早期的英国法强调契约的神圣性（Sanctity of Contract），[②] 即合同一旦订立就具有完整履约的义务，不论发生何种情况均须无条件履行其义务。在最具代表性的案件 Paradine *v.* Jane 中，法院认为合同成立后即产生完整的履约义务，任何意外事件均不能免除义务人的义务。[③] 直到 1863 年德国汉堡发生的"音乐厅焚毁案"（Taylor *v.* Caldwell）[④]，法院对契约必须严守的态度才发生变化。随后，英国法院在 1874 年 Jackson *v.* Union Marine Insurance 案判决书中首次运用

① 参见韩世远:《情事变更原则研究》，载《中外法学》2000 年第 4 期。

② 拉丁语为 pacta sunt servanda. See Sir Guenter Treitel QC, *Frustration and Force Majeure*, Sweet & Maxwell Ltd., 2nd Edition, 2004, p.37–38. See also Arthur T. von Mehren, *The Civil Law System: Cases and Materials*, Prentice–Hall Inc., 1957, p.733.

③ Paradine *v.* Jane Aleyn 26, 82 Eng. Rep. 897 (1647).

④ Taylor *v.* Caldwell (1863) 3 B. & S. 826.

“Frustration”以解释因情势变更而导致合同不能履行的情况。自此，合同受挫（Frustration of Contract）成为英美法中履行不能的代名词。对于合同受挫理论，英美法官一般基于三种理论对其进行解释：合同默示条款理论（Implied term theory）[①]、合同基础理论（Theory of the Foundation of Contract）[②]和极端差异理论（The Radical Difference Approach）[③]。法院若以合同受挫为由免除义务人的义务，须同时满足三个条件：情势的发生具有不可预见性；情势的发生不可归责于合同当事人；情势的发生使得合同不能继续履行。此处的“不能履行”又可具体分为法律上的不能、物理上的不能和实际上的不能三种情况。[④]法律上的不能是指因法律的出台或修改导致履行方式或合同标的物等合同基本内容违法；物理上的不能是指合同标的物全部或部分灭失，已不存在交付的可能性；实际上的不能较前两种情形更为复杂，一般被界定为合同基础极端改变或目的不达两种类型。

美国在处理合同履行不能的案件时，总体而言其判决结果和理由与英国法院相似，并且在相当长的时间内重复强调 Paradine *v.* Jane 案中法官的观点。但值得我们注意的是，美国康涅狄格州最高法院在英国法院作出 Taylor *v.* Caldwell 案数年前，曾采用与 Blackburn 法官在 Taylor 案中提出的“默示条款”理论高度相似的理由作出判决。[⑤]法院在该案中认为，被告的义务已随着标的

① See Taylor *v.* Caldwell (1863) 3 B & 826. at “*...it appears that the parties must from the beginning have known that it could not be fulfilled unless when the time for the fulfillment of the contract arrived some particular specified thing continued to exist so that, when entering into the contract, they must have contemplated such continuing existence as the foundation of what was to be done...*”

② See Jackson *v.* Union Marine Insurance Co. (1874) L. R1.10C.P.125.

③ See Davis Contractors Ltd. *v.* Fareham U.D.C (1956) A.C. 696.

④ 参见陈淳文:《论行政契约法上之情势变更问题》，载《公法学与政治理论——吴庚大法官荣退论文集》，第 621–659 页。

⑤ See School District No.1 *v.* Dauchy, 25 Conn. 530(1857). at “*That if the defendant's liability for the further performance of the contract had been released by reason of such burning of the building, his liability on the contract could not be revived by the offer of waiver, and request to rebuild, made by the plaintiffs, unless the defendant accepted such offer.*”

物（校舍）的损毁而免除，那么除非被告同意，否则原告所提出的重新建造房屋的责任不能当然成立。从这个角度看，美国法院对“履行不能”态度的松动，也是为了避免发生因严格遵守“完整履约”而导致所有无法被当事人预见的风险均由一方单独承担这种不公平的结果。①

德国法继承了罗马法的观念，在实体法中针对合同履行障碍规定了“给付不能”和“给付延迟”两种情况，其中合同的绝对履行不能直接导致合同无效。②第一次世界大战前，德国法严格限定“履行不能”的范围，排除了履行艰难的情形。此时的实体法规定存在一个缺陷，即没有对“履行不能”予以定义。换言之，若在物理上仍存在履行的可能性，但是在法律上已不存在可能性，那么这种情形是否仍作为履行不能？德国最高法院对“履行不能”认定的第一次松动就体现于此：德国最高法院曾在两个案件中作出裁判，认为因面粉厂失火导致不能按约定时间交付面粉，已不能仅仅看作“给付延迟”，而应被看作“给付不能”。③后随着第一次世界大战的爆发，德国法院对“履行不能”的态度再次发生变化。首先德国最高法院认为被告原计划于 1914 年举办的世界博览会因一战的爆发而大大缩减规模，应属于部分的履行不能，理应对其租金予以部分减免。通过该案件，德国法院将“履行不能”的概念扩展到了“目的不达”的范畴。随后德国最高法院又支持了一系列因一战爆发导致经济上履行不能的案件，将经济上的不能认定为履行不能。④对此，德国学者提出了“法律行为基础学说”为其正当性予以背书。也就是说，即使最初的允诺还具有履行的可能性，但作出允诺的时间和空间条件已不复存在时，这种严格履行责任也就随之丧失了。根据现行德国民法典相关条款规定，履行不能有三重含义：法律上的不能、

---

① See Arthur L. Corbin, *Frustration of Contract in the United States of America*, 29 J. Comp. Legis. & Int'l L. 3d ser. 1 (1947).

② Ernest J. Schuster, *Principles of German Civil Law*, The Clarendon Press, 1907, p.167.

③ See E. J. Cohn, *Frustration of Contract in German Law*, 28 J. Comp. Legis. & Int'l L. 3d ser. 15 (1946), pp. 16–17.

④ Reichsgericht in Entscheidungen in Zivilsachen, vol. 42, p.108. See E. J. Cohn, *Frustration of Contract in German Law*, 28 J. Comp. Legis. & Int'l L. 3d ser. 15 (1946), p.18.

事实上的不能、目的丧失。其中法律上的不能和事实上的不能含义与英美法并无区别，而目的丧失在实践中常通过“瑕疵”的概念予以解决，即因情势发生变化导致该合同的特定用途丧失或缺乏而被视为瑕疵。[①] 此外，德国法院在司法裁判中将实定法中“履行不能”的概念拓展到了“经济不能”的范畴。[②]

法国民法中对合同履行不能的态度与英、美、德的观点一致，一般认为对于完全不能履行的合同，可免除义务人的履行义务。法国法中的履行不能可分为“法律上的履行不能”和“物理上的履行不能”两大类。法律上的履行不能是指因法律或行政命令的变化（在法国法上被称之为“王之行为”）[③] 导致合同一方当事人不能履行合同义务，这个情形与英国法上的合同受挫理论类似，如国会的指令禁止某类商品的出口，导致涉及该类商品的出口合同在法律上不存在履行的可能。[④] 物理上的履行不能是指由于不可归责于当事人的标的物灭失、自然条件或社会秩序等原因导致的实际上的履行不能。须指出，法国民法上对“履行不能”的界定极为严格，不同于德国法院将“经济不能”纳入履行不能的做法，无论合同履行过程中存在经济上多么大的困难，法国普通法院从不承认所谓“经济上的履行不能”。如 19 世纪代表性案例“卡波纳运河灌溉渠诉讼案”中，合同双方于 1567 年签订的灌溉供水合同在 1876 年最高民事法院裁判时，一个历经 300 年的合同，即使币值已发生巨大变化，法院仍认为其无权因时间和环境的变化而修改合同双方当事人确定的条款，法院的这种态度直至

---

① 参见彭凤至:《情势变更原则之研究——中、德立法、裁判、学说之比较》，五南图书出版公司 1986 年版，第 116 页。

② 《德国民法典》第 275 条第 1 款:“如给付对债务人或任何人均不可能时，则无请求给付之权。”参见林易典:《德国民法典新旧法部分译文》，载《月旦法学杂志》2003 年第 99 期，第 100–114 页。

③ Fait du prince，See L.N. Brown, J. S. Bell, *French Administrative Law*, 5th Edition, Oxford University Press, 1998, p.206–210; P.P Criag, *Administrative Law,* 5th Edition, Thomson Sweet & Maxwell, 2004, p.547.

④ See David Rene, *Frustration of Contract in French Law*, 28 J. Comp. Legis. & Int'l L. 3d ser. 11 (1946), pp.11–14.

1992 年才略有松动。[①] 质言之，只要合同存在履行的可能性，那么经济上的代价是当事人须自己承担的，不能以此为由主张合同履行不能。法国法针对履行不能所提出的理论是“不可抗力”（Force Majeure），该理论在《法国民法典》中表现为不可抗力、意外情况和外来原因三个概念，但通过长时间的司法实践，此三者已被视为同义词，可由“不可抗力”完全代表。[②]《法国民法典》第 1147 条和 1148 条中规定的“不可抗力”条款适用于包括行政协议在内的所有类型的合同。根据法国民法有关不可抗力的规定，合同履行中若出现当事人订立合同时无法预见的情形导致合同不能履行，则债务人不承担违约责任。与此形成鲜明对比的是在法国行政协议中，若因缔约行政机关的公权力行使导致的合同履行不能或履行仍存在可能但经济负担加重，法国行政法院一般认为行政协议中的私主体一方可因这种“王之行为”请求补偿损失。

表 4.2　英、德、法有关履行不能的学说

<table>
<tr><td>类别</td><td colspan="3">履行不能</td></tr>
<tr><td>英国</td><td>默示条款理论[③]</td><td>契约基础理论</td><td>解释理论</td></tr>
<tr><td rowspan="2">德国</td><td colspan="3">法律行为基础学说</td></tr>
<tr><td>法律行为基础丧失</td><td colspan="2">法律行为基础自始欠缺</td></tr>
<tr><td>法国</td><td colspan="3">不可抗力</td></tr>
</table>

（二）履行艰难

在英美法中，履行艰难与履行不能虽有差别，但经过长时间的司法实践，已逐渐统一于“合同受挫理论”。但值得注意的是，在面对履行困难的情形时，

---

① Cass. Civ. 6 mars 1876, Canal de Craponne, Dalloz, 1876, I,193; Sirey, 1876, I, 161. 转引自陈淳文：《论行政契约法上之情势变更问题》，载《公法学与政治理论——吴庚大法官荣退论文集》，元照出版有限公司 2004 年版，第 633–634 页。

② 参见陈淳文：《论行政契约法上之情势变更问题》，载《公法学与政治理论——吴庚大法官荣退论文集》，元照出版有限公司 2004 年版，第 621–659 页。

③ 默示条款理论在 1956 年英国法院的判决中被废止。See Daris Contractors *v.* Fareham U.D.C. [1956] A.C.696.

英美法院普遍会采取较履行不能情形更为谨慎的态度。原因在于，法院一般认为合同本身就是风险配置的工具，订立合同的目的就在于预先界定风险的范围。[①] 如在 Tamplin 案中，法官强调“没有任何一个法院在合同受挫案件中有权免除义务人的履行义务”[②]。因此，除极端困难的情况外，大部分履行艰难的情形并不认为构成合同受挫。英美法院对履行艰难的严格态度往往导致其在面对履行极度艰难情形时，采用迂回的方式予以解决。如在“英王加冕案”中，法院认为虽然合同仍有履行的可能性，但是由于房屋的出租目的在于观看英王加冕典礼，而该典礼因英王生病而取消，因此合同订立的目的丧失，从而适用合同受挫理论。[③] 然而，在另一个参观海上阅兵演练的案件中，法官认为虽然没有进行阅兵，但是当事人可以乘船参观船舰，因此不能认为该合同受挫。[④] 对于经济上的履行艰难，英国法院认为一般意义上市价的变化并不能作为合同受挫的理由，除非履行合同的代价对一方当事人造成显失公平的结果（Positively Unjust），这种情况下才构成合同基础的极端改变，方可适用合同受挫理论。[⑤] 与英国法院相同的是，美国法院往往也对履行艰难的情形相当谨慎。《美国合同法第二次重述》第 11 条中规定了履行不能和履行目的落空（Impracticability of Performance and Frustration of Purpose），其中不可归责于当事人的事件导致的履行不能对合同当事人而言当然可以免除其法律责任。但从实践上看，合同受挫这种表述往往给合同中受影响较大的一方更多的希望，将合同目的受挫理解为“合同遇到了挫折”，从而使得主张这种理由的案件数量不断增加。[⑥]

德国民法一方面强调合同的稳定性与安定性，另一方面也注重合同的公平

---

① See R. Halson, *Contract Law*, Pearson Education, 2001, p.387.

② Tamplin S.S. Co. *v.* Anglo-American Petroleum Products Co. [1916] 2 A.C. 397 at “No Court has an absolving power in a frustration case”.

③ Krell *v.* Henry [1903] 2 K.B., 740.

④ Herne Bay Steamboat Co. *v.* Hutton [1930] 2 K.B., 683.

⑤ See Staffordshire Area Health Authority *v.* South Staffordshire Waterworks Co. [1978] 1 W. L. R. 1387 (C.A.)

⑥ See Arthur L. Corbin, *Frustration of Contract in the United States of America*, Journal of Contractors *v.* Fareham U.D.C. ser. 1 [1947].

性。尤其在经历了第一次世界大战、民主德国和联邦德国合并等一系列重大社会变化后，德国民法在采纳了“法律行为基础学说”基础上，认为合同一方当事人主张因情势变更导致的合同履行艰难可以对合同内容予以调整，调整不成的可以解除或终止合同。[①] 该规范的三个要点在于：导致履行艰难的事件必须是不能被当事人所预见的；对合同内容的调整应当优于直接解除合同；只有在合同调解不成时法院才可以解除合同。

法国普通法院与行政法院对履行艰难的态度是截然不同的。法国普通法院审理因情势变更导致的履行艰难时，一般认为无论合同的基础如何变化、履行合同的成本如何增加都必须严格履行合同。可以说，法国民法原则上拒绝以情势变更为理由修改合同，而前述的“卡波纳运河灌溉渠诉讼案”是最为典型的代表案例。

综上，英国、德国、法国对于民事合同因情势变更导致合同的变更、解除呈现的严格态度呈现阶梯状分布（见图 4.1）。

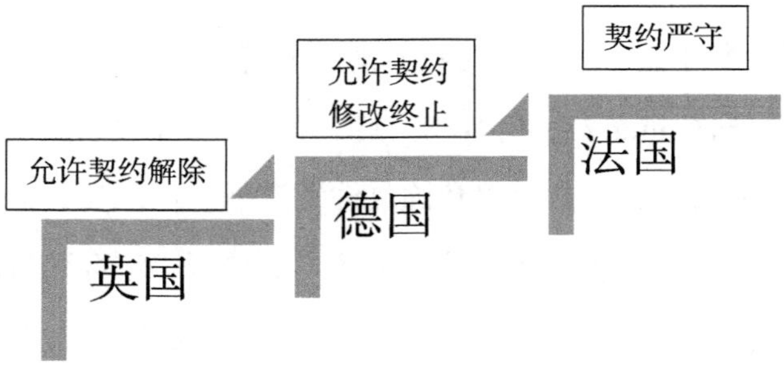

图 4.1　英国、德国、法国对“履行艰难”的规定

不过，有时法国法院也会对其僵硬的态度作出相对缓和的裁判，如最高法院曾认为在单方的买卖预约存在的前提下，是否存在显失公平的情形应当按照该预约实现时的状况予以评判。有学者认为，这里的“显失公平”实际上是对情势变更态度的松动。因为这里法院假定的是卖方作出预约之日并不存在显失

① 参见林易典:《德国民法典新旧法部分译文》，载《月旦法学杂志》第 99 期（2003 年），第 100–114 页。

公正的问题，而在该预约实现之日由于货币贬值对其出卖的不动产的价值产生了影响，事实上是避免了因合同订立时发生的“不曾预见的情形”导致双方经济上的不平衡。此外，最高法院还赋予法院降低经济报酬数额的权力，即在《民法典》第1134条所规定的“善意履行”条款下，可以降低特定服务提供者取得报酬的数额。法国法院与立法在一定程度上存在分离，为了解决这种分离状态以及确认法院在情势变更理论下作出的裁判，立法者曾通过临时性法律进行法定上的“缓和处理”。①

第二节　基于情势变更的民法规则

前文已述，情势变更是一种客观存在的现象，而基于这种客观现象，各国民法分别从履行不能和履行艰难两个维度予以思考。比如我国民法中对情势变更的解决思路可以从后果上进行分离，即针对因情势变更导致的合同完全不能履行，我国民法规定了“不可抗力规则”；针对履行仍有可能但十分艰难的情形，则采取了“情势变更规则”。当然，我国民法中的这种二元规范模式与国际上的情势变更存在差异，比如《联合国国际货物销售公约》(CISG)则采取一元规范模式，学者们普遍认为CISG第79条规定的“障碍”包括履行艰难(hardship)。②但鉴于本章讨论的目的在于我国语境下单方变更、解除权背后的法律原理和争议，因此下文将遵循二元规范模式的路线，以履行不能和履行艰难两种情形为出发点，对相关法律规则进行阐释。

① 参见[法]弗朗索瓦·泰雷等:《法国债法·契约篇》(下)，罗结珍译，中国法制出版社2018年版，第904–912页。

② 参见韩世远:《不可抗力、情事变更与合同解除》，载《法律适用》2014年第11期。

一、因情势变更导致的履行艰难——情势变更规则

（一）情势变更规则概述

1. 情势变更规则内涵

我们所熟知的情势变更规则（情势变更制度、情事变更原则）显然与本章第一节中广义的情势变更存在不同。情势变更规则是大陆法系"情事持续不变之保留条款"（clausula rebus sic stantibus）的延续，[①] 原义为合同双方同意仅客观条件保持合同订立时不变，合同方有拘束力。情势变更规则因在一定程度上减损甚至动摇了"契约严守"的神圣原则，而在19世纪欧陆法典化过程中被大部分国家抛弃。[②] 但随着经济社会的发展，人们越来越多地认识到"履行不能"[③] 作为一种客观的事实是无法避免的，一味地强调"严守契约"而排除履行过程中不可预料的"障碍"，在某些情况下不仅有悖于诚实信用原则，还与法律之精神——正义相悖。[④] 为在合同履行过程中寻求"严守"与"变更"之间的平衡，在动态中实现公平正义，大陆法系国家与英美法系国家又纷纷通过不同的理论、立法、法官解释对合同中的情势变更予以规定。[⑤]

---

① 拉丁法谚，直译为"情事持续不变之保留条款"。情势变更规则发展于罗马法复兴前的中世纪，在普鲁士普通法和日耳曼法中均有规定。参见卡斯腾・海尔斯特尔、许德风：《情事变更原则研究》，载《中外法学》2004年第4期。

② 参见崔建远：《合同法学》，法律出版社2015年版，第96–97页；韩世远：《合同法总论》（第四版），法律出版社2018年版，第488页。

③ 履行不能在这里是一个宽泛的概念。具体而言，可分为客观上的履行不能和履行艰难两种情形。

④ 参见崔建远：《合同法学》，法律出版社2015年版，第96–97页；韩世远：《合同法总论》（第四版），法律出版社2018年版，第488页。

⑤ 除大陆法系国家情势变更规则外，英美合同法中合同受挫理论（Frustration）也具有相同效果。合同受挫理论，也称合同目的落空，指合同成立后发生非基于当事人过失的事件导致合同不能履行，则合同终止，当事人免除未履行的合同义务。该规则由合同的绝对履行不能拓展到因情势变更虽能履行但合同目的无法实现的情况。 See Krell *v.* Henry (1903) 2KB 740.

情势变更规则的适用条件具体为：须有情势变更的事实、情势变更须发生在合同成立之后履行完毕之前、情势变更的发生不可归责于当事人、情势变更应为当事人订立合同时所不能预见的、情势变更使得按原合同履行对一方当事人显失公平、情势变更必须有当事人的主张。①

第一，必须有情势变更的事实。在合同的履行过程中，客观条件和环境难免会发生变化，这种变化可能是人为的，也可能是自然条件所引起的。而该种变化是否构成情势变更规则中的客观情况变动，往往需要按案件的具体情形予以判断。一般认为，情势变更应为异常的、明显的变动而非缓慢的、渐进的变化。例如，有学者指出房屋在近十年中价格即使增长了10倍，亦不应认定为情势变更，而应认为是商业风险。②

第二，情势变更发生的时间须在合同成立后、履行完毕前。就合同成立之前所发生的情势变更虽也有存在的可能性，但在学理上多将此时的情势变更看作对合同的重大误解，即如果当事人不知道此时情势已发生变化，则其对合同的基本条件具有重大误解，因而根据我国法律规定，当事人有权请求法院或仲裁机构对该合同予以撤销。同样，在合同履行完毕后所发生的客观条件变化也不能认定为情势变更，因为此时客观条件的变化因其发生在合同关系消灭之后，并不会直接导致合同履行的不能或艰难。须指出，对于因一方当事人延迟履行导致合同期满之后发生的情势变更是否可适用情势变更规则，可根据该延迟履行是否与情势变更的发生存在因果关系予以分别讨论。若延迟履行导致情势变更的发生，则因该情势变更可以归责于合同当事人而排除该规则的适用；反之，若延迟履行与情势之变更并不存在直接因果关系，则出于公平原则应当认为此时可适用情势变更规则。

① 参见杨振山:《试论我国民法确立“情势变更原则”的必要性》，载《中国法学》1990年第5期；彭真明:《民法上的情势变更原则论析》，载《华中师范大学学报（哲学社会科学版）》1993年第4期；崔建远:《合同法总论中卷》（第二版），中国人民大学出版社2012年版，第12–20页。

② 参见崔建远:《合同法总论中卷》（第二版），中国人民大学出版社2012年版，第12页。

第三，情势变更的发生不可归责于一方当事人。此要件为民法上的归责原则，即若情势变更是由于在法律上可归责于债权人或债务人一方的原因而引起，则并不适用情势变更规则。有过失的一方应当负有情势变更的结果责任，在法律上应当认为属于债务的不履行责任。

第四，情势变更的发生应为当事人无法预见的。在我国，情势变更规则的不可预见可以认为有两层含义：其一，情势变更的发生是合同订立时双方当事人均无法预见到的；其二，情势变更的性质应为当事人无法预见的客观条件的变化。也就是说，一般人在合同订立时无法预见和推测该客观情况可能发生变化，而若当事人在合同订立时已经预见到这种情况可能发生从而导致合同的履行困难但仍坚持签订该合同，则当事人须对此承担损害赔偿责任。

第五，情势变更致使按原合同履行对一方负担过重、显失公平。既然合同关系在时间上发生延续，则客观条件的变化是我们无法避免和克服的，但是这并不意味着所有情势的变更均会导致情势变更规则的适用。因此，该条件应为情势变更规则适用的核心内涵，即该情势之变化若要求当事人仍继续按照原合同承担相应履行义务，则对一方当事人负担明显加重，并达到了显失公正的结果。情势变更规则是民法上诚实信用原则的延伸，因此这里所要求的不公平应当是显著的，而如何认定不公平的显著程度，可以从以下方面进行衡量：情势变更的发生对合同当事人的影响是短期内的巨大变化；情势变更的影响仅限于合同双方当事人；主张情势变更的一方当事人可以免去己方的不当损害，但同样不可因此使得对方当事人造成不当损害。

第六，情势变更须由当事人予以主张。关于情势变更是否须由当事人主张，在学术上存在争议，如史尚宽先生对此持否定态度。[①] 但普遍看来，因民事合同关系是以当事人意思自治为基础的法律关系，其法律规范为任意性规范。若当事人本身不主张该权利，从逻辑上及法规范上观察，法院不可能主动介入对其合同关系予以调整。因此，应当认为当事人主张是情势变更规则适用的要件之一。

---

① 参见史尚宽:《债法总论》，荣泰印书馆股份有限公司 1987 年版，第 427–428 页。

2. 情势变更规则的理论依据

关于情势变更的理论依据，根据大陆法系国家与普通法系国家法律解释路径的不同，可以大致归为以下几类。

第一，合同条款说。合同条款说是指某种状态的继续或存在是合同发生法律效力的前提或基础。若该种状态不复存在，无论是积极的或消极的、法律上或事实上的，短时间或永久的，均将导致当事人意思表示的法律效力发生变化。英国法院早期多采用该理论，如在“音乐厅焚毁案”[①]中，Blackburn 法官提出默示条款理论（the implied term theory），认为合同双方在缔约时，必须以某种特定的情事持续存在（continued existence）作为基础，而该特定情事的变更将导致合同解除的法律效果。虽然法院在运用默示条款说时为避免过于主观的批评，多采用客观的解释路径，即不欲探寻当事人签订合同时主观之意思表示，而设身处地作为一个客观理性人时，是否会同意合同的内容。但是，由于是否存在默示条款、默示条款究竟为何受到法官的主观判断影响较大，该理论逐渐被废弃。[②]

第二，法律行为基础说。法律行为基础说（Die Geschäftsgrundlage）由德国法学家奥特曼（Paul Oertmann）提出。因第一次世界大战所导致的经济、政治价值的混乱，若一成不变地恪守契约忠诚，即形式上的契约严守，可能实际上严重地损害诚实信用原则，且当时德国民法将除“本质错误”之外所有对于人与事物的期待均归为法律上不予考虑的“动机”范畴而产生法律漏洞。在此背景下，Oertmann 认为，合同的存续本应以订立合同时环境因素的持续为前提，因此，订约后发生任何支配订约环境因素的改变均影响合同的效力。立法上没有考虑这个问题，并不表明问题的消解，反而可能是法律在此问题上表现

---

① Taylor *v.* Caldwell [1863] 3B&S 826.

② 如默示条款理论在 Krell *v.* Henry (1903) 2 K.B., 740 与 Herne Bay Steamboat Co *v.* Hutton (1903) 2 K.B., 683 两个案件中，因法官对默示条款的认定不同而导致完全不同的结果，后默示条款理论在 1956 年英国法院的判决中被废止。See Daris Contractors *v.* Fareham U.D.C. [1956] UKHL 3.

无能为力。据此，Oertmann 提出法律行为基础学说，即缔结法律行为时当事人一方对于特定环境的存在或发生所具有的预想（Vorstellung）则为法律行为基础。该预想的意义在于当事人明知且未作反对的意思表示，且基于此预想形成法律行为意思（Geschäftswille）。[①] 换言之，法律行为基础是客观基础而非当事人的意思决定，且法律行为基础并非法律行为的构成要件，亦非默示的法律行为构成要件，因为 Oertmann 认为明示与默示之间应有外观的差异而不是当事人心理上的差异。

第三，诚信衡平说。英美法系合同法与大陆法系合同法虽在表现形式上有所不同，但是贯穿二者的基本理念却是相通的：英美法系的衡平法（equity law）与大陆法系的诚实信用原则，二者都是在抽象的法律规定可能导致不公平的事情发生时，作为一种“纠正”机制而存在。情势变更规则就是在合同履行过程中出现当事人不可预见之事由，法律未予规定或规定不详尽时，为保证公平而出现的。法律的精神具有动态与静态两个方面，具体到合同法中，“契约严守”是法律的静态；“契约本身的基本规范”可看作法律的动态。[②] 当动态的法律发生变化，即合同订立时的基础或环境发生不可预测且不可归责于当事人的变化时，则须探求法律在动态中如何进行适应性调整。以英美法为例，法官在援引衡平原则时须同时满足以下两个条件：首先，须受到情势变更事实的约束；其次，此变更事实非双方当事人所能预料，并若继续履行合同将导致显失公平的结果。从这个角度看，情势变更规则作为诚实信用原则在合同履行过程中的一种适用延续，不仅保证了合同的公平，且一定程度上排除了过度依赖法官主观判断的弊端，具有其合理性与正当性。

第四，法律制度说。法律制度说认为情势变更规则是对于当事人因遭受不可预见且不可归责的情势变化，导致其受到不公平待遇时，法律给予的一种补救措施，是法律上的规定制度。在德国法学家奥特曼提出法律行为基础说后，

① 参见彭凤至：《情势变更原则之研究——中、德立法、裁判、学说之比较》，五南图书出版公司 1986 年版，第 32 页。

② 参见林诚二：《情势变更原则之再探讨》，载《台湾本土法学杂志》第 12 期（2000 年）。

经过第一次世界大战的冲击，法律行为基础说已被证实是一项具有深远意义的用于处理经济、社会情况剧变的制度。当然，这项制度并不局限于灾变时期，在现代社会仍具有不可或缺的重要意义。[①]

（二）比较法上的情势变更规则

情势变更原则据通说最早出现于《法学阶梯》中，因此继承大陆法系中传统的“情事持续不变之保留条款”（clausula rebus sic stantibus）而在民法中规定情势变更规则的国家大多为大陆法系国家。

首先，情势变更规则在各国立法内容上的差异体现在受情势影响的一方合同当事人所享权利的不同，具体可分为以下三种情况。第一，仅赋予合同当事人单方变更合同的权利。如《匈牙利民法典》第 241 条规定，在合同签订后发生情势变更使合同当事人合法权益受到损害，进而影响到双方法律关系，当事人可请求法院对合同予以变更。[②]第二，仅赋予合同当事人面对情势变更时的单方解除权。如《意大利民法典》第 1467 条规定，情势的变更导致一方当事人负担过重，当事人可以解除合同，但是另一方当事人以公平变更为理由反对解除合同的情形除外。第三，既赋予合同当事人变更合同的权利，也赋予其单方解除合同的权利。如 1978 年的《南斯拉夫债务关系法》第 133 条规定，因情势发生变化导致合同目的无法实现，或者合同已明显不符合一方当事人愿望时，且按照一般人的看法继续履行合同明显对一方当事人不公平，当事人可以解除或者变更该合同。[③]

其次，各国立法中对情势变更的行使程序上的规定也有所不同，主要可分为通过法院行使和当事人直接行使两种方式。如《匈牙利民法典》赋予了当事

---

① 参见彭凤至：《情势变更原则之研究——中、德立法、裁判、学说之比较》，五南图书出版公司 1986 年版，第 52 页。

② 参见张淳：《对情势变更原则的进一步研究》，载《南京大学学报（哲学·人文科学·社会科学版）》1999 年第 1 期。

③ 参见梁慧星：《合同法上的情事变更问题》，载《法学研究》1988 年第 6 期。

人请求法院对合同予以变更的权利;《希腊民法典》第388条规定，因不可预见的情势发生变更导致对义务人履行合同的义务过于艰巨时，可以请求法官对其义务酌情减少或全部解除。前述《意大利民法典》和《南斯拉夫债务关系法》则是当事人直接行使的代表。

最后，根据情势变更规则导致的合同解除在实践中不存在差异，但是情势变更规则所引发的合同变更在各国实践中是有所差异的，尤其是合同的哪些条款可以变更在有关国家的立法中不尽相同。《匈牙利民法典》和《南斯拉夫债务关系法》规定合同中的任何条款均可以变更，但是《希腊民法典》则规定只有涉及标的物数量和价格的条款可以请求法院予以变更。

除大陆法系国家，英美法系国家虽不采用“情势变更规则”这种表述，但创造了“合同目的落空”(Frustration of Purpose)，英美法上广义的合同受挫原则与大陆法上的情势变更规则相近。[①] 英国所采用的合同目的落空含义为：合同订立后出现的与当事人无关的某种情形使得合同订立时所追求的目的无法达到，或者订立该合同的理由已不复存在，那么义务人可以免除履行其合同义务。同样，美国在《合同法第二次重述》中以“履约不可行”代替“履约不可能”，将异常的、不合理的困难同样作为免除履约义务的情形，与英国法上的目的落空原则相同。前文已在理论依据部分进行了阐释，在此就不再赘述。

(三)我国民法上的情势变更规则

情势变更规则在我国立法上的体现最早可追溯到1981年的《经济合同法》(已废止)。《经济合同法》第27条第1款规定，由于不可抗力或者由于一方当事人无过失且不能预防的外因致使合同不能履行，允许对合同进行变更或解

① 参见车丕照:《合同落空、情势变更与不可抗力——兼论我国相应立法的模式选择》，载《兰州大学学报(社会科学版)》1996年第2期。

除。[①] 该条款虽没有采用“情势变更规则”这样的表述，但其内涵与情势变更规则一致。

然而遗憾的是，20 世纪 90 年代我国《合同法》在立法的过程中，虽然有多部草案规定了情势变更规则，但是最终该规则并没有得到立法机关的采纳。如《合同法》第四次审议稿第 76 条规定，“客观情势的异常变化致使继续履行合同对当事人没有意义或造成重大损害时，当事人可以请求法院或仲裁机构变更、解除合同”。立法者最终在《合同法》中放弃情势变更条款的原因在于，我国自《经济合同法》开始便采用了情势变更与不可抗力的二元规范，因而如何区分不可抗力和情势变更在实践中存在困难。此外，情势变更与商业风险的划分也存在困难。因此在经济贸易活动中在排除了不可抗力之后，能够使用情势变更规则的情形应极少，对此稍有不慎就可能出现当事人利用此规则逃避正常商业风险的情形，甚至可能出现法院滥用此权力而助长地方保护主义。[②] 最终，法律委员会以“情势变更难以作出科学的界定，且难以和商业风险划清，在执行中难以操作，实际中只有在非常特殊的情况下才能适用情势变更制度，现在在合同法中作出规定条件尚不成熟”为由，经反复研究，建议对此不作规定。[③]

但是，《合同法》没有规定情势变更制度并不意味着我国民法学界对该规则的排斥和质疑态度。反之，情势变更规则一直得到民法学者们的普遍认可。早

---

① 参见《经济合同法》第 27 条：“凡发生下列情况之一者，允许变更或解除经济合同：一、当事人双方经过协商同意，并且不因此损害国家利益和影响国家计划的执行；二、订立经济合同所依据的国家计划被修改或取消；三、当事人一方由于关闭、停产、转产而确实无法履行经济合同；四、由于不可抗力或由于一方当事人虽无过失但无法防止的外因，致使经济合同无法履行；五、由于一方违约，使经济合同履行成为不必要。当事人一方要求变更或解除经济合同时，应及时通知对方。因变更或解除经济合同使一方遭受损失的，除依法可以免除责任的外，应由责任方负责赔偿。当事人一方发生合并、分立时，由变更后的当事人承担或分别承担履行合同的义务和享受应有的权利。”

② 参见韩世远：《情事变更原则研究》，载《中外法学》2000 年第 4 期。

③ 参见《第九届全国人民代表大会法律委员会关于〈中华人民共和国合同法（草案）〉审议结果的报告》，1999 年 3 月 14 日。

在1988年梁慧星先生就发表《合同法上的情事变更问题》一文，系统地阐述了英美法上的合同受挫理论与大陆法上的情势变更规则，并对大陆法系部分国家有关情势变更规则的法律条文进行罗列。同时，还对我国解决情势变更问题的实践进行了系统梳理。[①] 此后，我国有关情势变更规则的讨论基于不可抗力规则与情势变更规则的二元规范前提而展开，主要集中于情势变更规则与不可抗力规则的区分、情势变更规则的适用条件、比较法上的情势变更规则以及我国合同法中对情势变更规则予以规定的必要性等方面。[②]

虽然直到2009年最高人民法院发布《关于适用〈中华人民共和国合同法〉若干问题的解释（二）》（以下简称《合同法司法解释（二）》），情势变更规则才在我国实体法律规范上予以确定，但早在20世纪80年代，我国法院就在司法裁判中体现了情势变更规则。在“武汉市煤气公司诉重庆检测仪表厂合同违约纠纷案”[③] 中，法院认为合同履行过程中因发生了当事人无法预见和防止的情势变更，应当根据《经济合同法》第27条第1款第4项之规定和公平、诚实信用原则予以处理。民法学者们认为该案是我国司法实践正式适用情势变更规则的第一个案例，虽然该案最终通过调解的方式解决争议，但依然在学理上和司法实践上具有重要意义。[④]

此后，随着我国经济社会的发展需要和民法学者的不断呼吁，2009年《合

① 参见梁慧星：《合同法上的情事变更问题》，载《法学研究》1988年第6期。

② 参见杨振山：《试论我国民法确立“情势变更原则”的必要性》，载《中国法学》1990年第5期；耀振华：《情事变更原则的适用》，载《法学研究》1992年第4期；于伟：《情事变更原则在审理经济合同纠纷中的适用》，载《政法论坛》1993年第5期；郑跟党：《试论情事变更原则及其适用》，载《中外法学》1995年第5期；王江雨：《论情事变更原则》，载《现代法学》1997年第1期；王宝发：《论我国合同法应当确立情事变更原则》，载《法学家》1997年第2期等学术论文。

③ 参见最高人民法院法函〔1992〕27号。

④ 参见韩世远：《情事变更原则研究》，载《中外法学》2000年第4期。

同法司法解释（二）》第 26 条确立了情势变更规则。[①] 根据《合同法司法解释（二）》第 26 条规定，合同成立后客观情况发生当事人在订立合同时不可预见的且非不可抗力造成的不属于商业风险的重大变化，若继续履行合同将对一方当事人明显不公平或不能实现合同目的，当事人请求人民法院变更或解除合同的，人民法院应当根据公平原则，并结合案件的实际情况确定是否变更或解除合同。这标志着我国情势变更规则在法规范上的正式确立，法官在审判合同中的情势变更问题时有了直接的法律依据。此后，最高人民法院又先后发布了《关于正确适用〈中华人民共和国合同法〉若干问题的解释（二）服务党和国家的工作大局的通知》和《关于当前形势下审理民商事合同纠纷案件若干问题的指导意见》两个文件，对情势变更规则的适用条件、程序要求等内容作出具体规定，并要求各级法院在适用中持审慎态度，从而确立了我国情势变更规则"根据案件情况确需在个案中适用的，应当由高级人民法院审核，必要时报请最高人民法院审核"的适用方针。情势变更的情形具体可分为物价飞涨、合同基础丧失、汇率的大幅变化以及国家经济贸易的政策变化等。

目前，我国有关情势变更规则的法律条文体现在 2021 年 1 月 1 日生效的《民法典》第 533 条。[②]《民法典》第 533 条将不属于商业风险、不可预见的重大变化作为情势变更规则的客观条件，并且赋予当事人在合理期限内的协商变更和请求法院、仲裁机构变更、解除合同的权利。从这个角度看，我国情势变更规则的行使必须通过法院、仲裁机构予以实现，同时包含了变更权、解除权

---

① 最高人民法院《关于适用〈中华人民共和国合同法〉若干问题的解释（二）》（法释〔2009〕5 号）第 26 条："合同成立以后客观情况发生了当事人在订立合同时无法预见的、非不可抗力造成的不属于商业风险的重大变化，继续履行合同对于一方当事人明显不公平或者不能实现合同目的，当事人请求法院变更或者解除合同的，人民法院应当根据公平原则，并结合案件的实际情况确定是否变更或者解除。"

② 参见《民法典》第 533 条："合同成立后，合同的基础条件发生了当事人在订立合同时无法预见的、不属于商业风险的重大变化，继续履行合同对于当事人一方明显不公平的，受不利影响的当事人可以与对方重新协商；在合理期限内协商不成的，当事人可以请求人民法院或者仲裁机构变更或者解除合同。人民法院或者仲裁机构应当结合案件的实际情况，根据公平原则变更或者解除合同。"

两方面内涵。同时需要特别注意的是，当前《民法典》有关情势变更事由的规定并没有像之前《合同法司法解释（二）》那样强调“非不可抗力”，这与国际上的做法趋于一致且更具合理性。如《联合国国际货物销售合同公约》（CISG）虽然条文中并没有情势变更的规定，但学者们普遍认为有关不可抗力的规定实际上也是对情势变更的规定，并通过采用“艰难情形”（hard ship）的概念来涵盖合同履行中所有的异常变化。[①] 从这个意义上看，国际上的“艰难情形”包括了不可抗力和情势变更两种类型。我国《民法典》第533条将引发情势变更的事由包含了不可抗力，顺应了情势变更规则的本义，即情势变更规则出现的原因并不在于对不可抗力和情势变更的区分，而是在于该情势之发生导致合同基础动摇或丧失，按照原合同继续履行不符合公平正义原则的要求。此外，由于情势变更与不可抗力在一定情况下也存在相互转化的可能性，如自然灾害所导致的物价短期内大幅上涨可导致合同的履行艰难，因而构成情势变更。但若因此导致合同的不能履行，则构成不可抗力。之前《合同法司法解释（二）》“情势变更规则”排除不可抗力作为履行障碍原因，而使合同当事人无法得到有效救济，但《民法典》第533条规定解决了此类困境。

（四）我国行政协议中情势变更规则的适用

根据《行政协议司法解释》第27条第2款规定，人民法院审理行政协议案件可参照适用民事法律规范有关民事合同的规定。[②] 这就意味着我国行政协议同时受到我国公法规范和民法规范的调整。然而，在我国这样公私法二元划分的国家，民法与行政法的同时适用无疑给本就处在公法与私法交织地带的行政协议案件带来了更多不确定性。作为民法一般原则的情势变更原则是否可以直接适用于我国行政协议之中，目前学界的观点有所不同。较早讨论私法原则在

① 参见张玉卿主编：《国际统一私法协会国际商事合同通则2010》，中国商务出版社2012年版，第483页。

② 参见《行政协议司法解释》（法释〔2019〕17号）第27条：“人民法院审理行政协议案件，应当适用行政诉讼法的规定；行政诉讼法没有规定的，参照适用民事诉讼法的规定。人民法院审理行政协议案件，可以参照适用民事法律规范关于民事合同的相关规定。”

行政协议中的适用问题的学者认为，一般的私法原则可以适用于行政协议领域，但至于如何适用、是否全部适用并没有进行具体论述。[①]后也有文章进一步讨论情势变更原则的适用范围，认为情势变更原则仅适用于非瑕疵的行政协议，但在具体适用条件上不存在与民法适用条件的区分。[②]

目前，我国学界对行政协议情势变更规则较为细致的研究是严益州博士发表在《中外法学》上的《论行政合同上的情势变更——基于控权论立场》一文。该文详细论述了我国行政协议中的情势变更，认为我国各级法院通过参照适用《合同法司法解释（二）》第 26 条之规定处理行政协议中的情势变更问题，并通过列举案例得出情势变更制度在行政合同中的适用。[③]回顾严文列举的案例，其中两起案件均为原告以情势变更原则为由主张免除其违约责任并被法院驳回，似乎与文章论断并不密切相关。[④]此外，严文中援引 2013 年《西安市行政程序规定》第 94 条和 2014 年《洛阳市政府合同监督管理办法》第 12 条之规定，认为这是我国行政法学界承认情势变更制度对行政协议的适用。笔者认为该观点亦值得商榷。首先，《西安市行政程序规定》第 94 条作出的是义务性规定，即行政机关在合同履行过程中若因客观情势发生变更需要更改或终止合同的，应对该行为导致的当事人及利害关系人的损失予以补偿或赔偿。[⑤]如前所述，无论公法合同还是私法合同均与时间密切相关。这种时间上的延续关系在以长期性（即需要经一段时间方能完成协议的履行义务）为特征的行政协议中体现得

① 参见郑艳：《私法原则在行政合同制度中的适用与超越——一个认识行政合同的新视角》，载《行政法学研究》2000 年第 4 期。

② 参见陈俊生：《论行政合同中的情势变更原则》，载《东南法学》2018 年第 1 期。

③ 参见严益州：《论行政合同上的情势变更——基于控权论立场》，载《中外法学》2019 年第 6 期。

④ 参见陕西省高级人民法院行政判决书，（2017）陕行终 573 号；吉林省伊通满族自治县人民法院行政判决书，（2016）吉 0323 行初 10 号。

⑤ 参见《西安市行政程序规定》第 94 条："行政机关订立和履行行政合同，应当严格遵行诚实信用原则、信赖保护原则。因客观情势变更，需要更改或者终止行政合同，因此给当事人和利害关系人造成损失的，行政机关应当补偿。因行政机关的违法或者过错给当事人或者利害关系人造成损害的，应当赔偿。"

尤为明显。既然合同履行过程中客观情势变更的发生不可避免，那如何保证合同的继续履行及相对人合法权益才是我们应当关注的重点。笔者认为《西安市行政程序规定》第 94 条之规定正是基于此种考量。此外，该规定第 92 条规定了行政机关变更、终止协议的依据和程序，明确了行政机关变更、终止合同仅限于公共利益受到重大损害时，而非所有客观情势之变化。① 其次，2014 年《洛阳市政府合同监督管理办法》第 12 条虽提及情势变更，但并非行政机关依据情势变更即享有变更、解除协议的权利，而是法制机构对行政协议中的客观情况和相对人资产状况等可能影响履约能力情形的监管。② 换言之，虽然部分有关行政协议的地方政府规章及规范性文件中存在"情势变更"的表述，但我们不能当然认为这是行政机关认可基于情势变更规则的单方变更、解除权。

为进一步明晰我国行政协议中的情势变更规则，韩宁博士亦针对该问题展开讨论，并提出参照民事法律规范是今后我国行政协议诉讼发展的方向，但民事法律规范在行政协议中的参照适用不能简而言之地认为"可以适用"或"不能适用"，而应当在结合行政法律规范和区分合同当事人的基础上，进行深入、细致的研究。③ 因此，在区分客观情况变化的"情势变更"与民事一般原则的"情势变更规则"的基础上，分析不同类别情势变化下情势变更规则在行政协议中的适用问题，是明晰我国行政协议单方变更权、解除权的必经之路，也是本文第五章所论述、解决的核心问题。

① 参见《西安市行政程序规定》第 92 条："行政合同受法律保护，行政机关不得擅自变更或者解除。为避免对公共利益造成重大损害，行政机关有权在必要范围内单方变更、终止行政合同，但应当书面说明：（一）变更、终止行政合同的事由；（二）对公共利益的影响；（三）是否给予当事人补偿及理由。"

② 参见《洛阳市政府合同监督管理办法》（洛政办〔2014〕36 号）第 12 条："合同行政主体应当按照约定履行合同。发生情势变更、相对人资产经营状况变化影响履约能力等情况的，承办部门应当立即向法制机构通报；法制机构应根据具体情况指导承办部门正当行使权利，最大限度地保障合同行政主体的合法权益。政府合同发生争议需要仲裁、诉讼及执行的，由合同承办部门牵头负责处理。"

③ 参见韩宁：《行政协议中的情势变更——与严益州博士商榷》，载《南大法学》2020 年第 4 期。

二、因情势变更导致的履行不能——不可抗力规则

与情势变更规则相似的是，不可抗力规则也针对合同履行期间发生的意外事件。不可抗力规则也称为不可抗力制度，是指合同履行过程中出现当事人不能预见、不能避免且不能克服的客观情况，导致当事人无法按约定继续履行合同，当事人可解除合同。[①] 换言之，不可抗力的发生导致合同目的无法实现时，该合同应当消灭，但是通过什么途径消灭，各国之间的立法并不一致。

（一）不可抗力规则概述

不可抗力规则与情势变更规则一样，均源自罗马法，但不可抗力规则的雏形最早可追溯至公元前 1780 年的《汉谟拉比法典》。《汉谟拉比法典》中规定，如果一人有义务向他的债主交粮食，但他的田被洪水冲毁或者干旱导致颗粒无收，那么当年他可以不交付粮食且不付利息。后罗马法中将不可归责于债务人且造成合同履行损害的事由称之为“事变”，又根据事变对合同的损害程度将其分为轻微事变和重大事变两大类。轻微事变包括盗窃、需要监管的奴隶逃跑等；重大事变则为地震、洪水、暴动、敌人入侵、奴隶或牲畜的死亡等。[②] 从这个分类我们不难看出，所谓“不可抗力”是指当事人不可抗拒的外来力量，是不受当事人意志支配的自然现象和社会现象。因这种不可抗力导致债务人给付不能或延迟、违反合同约定时，债务人可以据此免责。[③]

不可抗力（Force Majeure）一词源自 1804 年的《法国民法典》，原义为“上帝的力量”。后不可抗力这个概念被德国民法所吸收，在国际贸易中予以发展并在国际上得到广泛接受。由于构成不可抗力的事件种类繁多，法律对不可

① 参见韩世远:《合同法总论》，法律出版社 2004 年版，第 595 页。

② 参见柯伟才:《我国合同法上的“不能履行”——兼论我国合同法的债务不履行形态体系》，载《清华法学》2016 年第 5 期。

③ 参见周枏:《罗马法原论（下册）》，商务印书馆 1994 年版，第 649 页。

抗力的范围难以列举，因此在实践中合同当事人多通过在合同订立时约定不可抗力条款，从而将法律对不可抗力的规定具体化。当然，当事人没有约定在合同中的不可抗力也并不完全排除在该范围之外，法院仍可根据事实认定不可抗力的存在。不可抗力大致可分为自然灾害和社会事件两大方面。自然灾害如水灾、旱灾、地震等，在各国法律中均予以认定为不可抗力。社会事件是否可以成为不可抗力事件，在各国法律的规定中存在不同。① 我国立法和学说上均承认社会事件是不可抗力的一部分，但是具体哪些社会事件可以构成不可抗力，尚未有定论。

有关不可抗力的探讨可分为主观说、客观说和折中说三类。其中主观说是指以当事人的主观注意程度为标准界定不可抗力，若当事人能够预见和抵御的，则不属于不可抗力；若当事人尽到最大主观努力仍无法预见和抵御的，则该事件属于不可抗力。客观说则认为不可抗力既然是当事人无法预见和避免的，则与主观意志无关，独立于当事人意志而存在。客观说较主观说而言，摒弃了难以衡量的主观判断标准，从而避免了对不可抗力解释范围、弹性过大的问题。然而，客观说因过分强调事件的客观性，从而容易导致当事人忽略合理注意义务，从而影响交易的安全性，助长人们对权利的漠视态度。在主观说与客观说的基础上发展出的折中说，认为不可抗力既需要当事人尽到合理的注意义务，同时从客观条件上来讲，是当事人无法避免、抵御的。折中说结合了以上两种学说的优势，被大陆法系国家民法所采用，也是我国民法对不可抗力规定的理论依据。②

因此，不可抗力的构成要件可以分为主观要件和客观要件两部分，其中当事人订立合同时对不可抗力事件的不能预见，是构成不可抗力的主观要件。只有尽到了应有的注意义务而仍不能预见，才具有不可抗力的主观要件。不能预见性是指该事件不以人的意志为转移，如果最终造成合同履行不能的客观现象

① 参见谢邦宇、李静堂：《民事责任》，法律出版社 1991 年版，第 132 页。

② 参见张新宝：《中国侵权行为法》，中国社会科学出版社 1995 年版，第 595 页。

是当事人所能够预见到的，且当事人仍一意孤行，则根据民法上的过错原则，当事人的故意是责任要件中的主观要件，因而该客观现象则不能看作不可抗力。[①] 客观要件是强调不可抗力的客观现象是不能避免且不能克服的。换言之，无论当事人如何努力，均无法对客观现象的发生、发生程度等方面作出相应的安排，即当事人的能力对此事件无能为力。具体到合同领域，合同法理论中的不可抗力与合同履行是密切相关的，如果事件的发生与合同履行无关，则无所谓不可抗力。不可抗力对合同履行的阻碍有三种情况：其一，导致合同全部不能履行；其二，导致合同部分不能履行；其三，导致合同不能如期履行。不可抗力的主、客观要件两个方面构成了不可抗力制度，二者缺一不可。

（二）比较法上的不可抗力规则

不可抗力规则源自法国民法，《法国民法典》第 1147 和 1148 条分别规定了外来原因、意外情况、不可抗力三个概念，后三者在司法实务中统一为“不可抗力”。[②]《法国民法典》第 1148 条所使用的不可抗力是罗马法上“重大外力”的法文翻译。[③] 法国法院在判定不可抗力时须同时满足以下几个条件：外在性、不可预见性、不可抗性和不具可能性。外在性（Externality），是指事件的发生与当事人自身并不存在任何关系，因而也不可归责于当事人。一般而言，外在性事件主要是指自然事件或自然原因导致的事件，如洪水、地震等自然灾害。后法院不断放宽对“外在性”的标准，将不属于当事人原因的人为事件也作为外在事件，如战争、公权力行使等。不可预见性（Unforeseeability），是指事件

① 参见刘凯湘、张海峡:《论不可抗力》，载《法学研究》2000 年第 6 期。

② 《法国民法典》第 1148 条:“若因不可抗力或意外情况，致使债务人无法履行给付，或其他特定之作为或不作为义务时，不发生任何损害赔偿责任。”转引自陈淳文:《论行政契约法上之情事变更问题》，载《公法学与政治理论——吴庚大法官荣退论文集》，元照出版有限公司 2004 年版，第 621–659 页。

③ 参见柯伟才:《我国合同法上的“不能履行”——兼论我国合同法的债务不履行形态体系》，载《清华法学》2016 年第 5 期。

的发生非缔约时当事人所能预见。不可预见性是针对所有人而言的，即只要是任何一个正常理性人无法预测到该事件的发生，该事件就具有不可预见性。不可抗性（Irresistibility），是指事件的发生非人力所能阻止。不可抗性与不具可能性（Impossibility）是紧密相关的，事件的不可抗性导致合同无法继续履行。[①]虽然以上条件缺一不可，但在司法实务中法院逐渐偏重不可抗性，而其他条件作为附属的地位，如债务人因病不能履约，因其与债务人自身相关而并不满足第一个条件，但却因其“不可阻止”而被法院界定为不可抗力。[②]

根据法国民法的裁判，不可抗力主要可以分为自然事件、人为与社会事件、公权力决定三大类。从结果上看，法国法上的不可抗力规则与英美法上的合同目的落空一样，被认定为不可抗力而造成的合同履行不能，债务人可以因此免除全部履行义务，并且无须承担损害赔偿责任。但是更严谨地分析二者的制度背景和法律效果，可以发现英美法上的合同目的落空和合同受挫理论与法国法上的不可抗力制度仍存在差别。首先，合同受挫理论针对的是整个合同的不履行问题，而不可抗力制度更多着眼于免除债务人某项具体的义务；其次，合同受挫理论的结果是合同自动终止，当然其附带的结果是义务人无须继续履行原约定义务，而不可抗力制度意义的核心在于直接免除债务人的赔偿责任。

（三）我国民法上的不可抗力规则

我国 1981 年的《经济合同法》（已废止）第 27 条第 1 款是我国成文法中最早规定“不可抗力”的条款，根据该条规定，因不可抗力致使经济合同无法履

① See Barry Nicolas, *Force Majeure in French Law*, in Force Majeure and Frustration of Contract, Ewan McKendrick., 2nd Edition, Lloyld's of London Press Ltd., 1993 pp.23–25.

② A. Bénabent, Droit civil– Les obligations, Paris, Montchrestien, 8 éd., 2001, p.240. 转引自陈淳文:《论行政契约法上之情事变更问题》，载《公法学与政治理论——吴庚大法官荣退论文集》，元照出版有限公司 2004 年版，第 633–634 页。

行的，允许变更或解除经济合同。[①] 此时的《经济合同法》虽将不可抗力作为免责事由予以规定，但是并未明确其内涵。

随后在 1985 年颁布实施的《涉外经济合同法》（已废止）中第一次对不可抗力的概念作出界定，同时对其效力予以规定。《涉外经济合同法》第 24 条规定，不可抗力是当事人在订立合同时不能预见、对其发生和后果不能避免且不能克服的事件。《涉外经济合同法》同时规定，因不可抗力导致的合同全部或部分履行不能，应当免除其全部或部分责任。[②]《涉外经济合同法》关于不可抗力的规定在我国立法上具有重要意义，它不仅首次在我国实定法中明确了不可抗力的法定范围，同时还针对世界各国对不可抗力范围认定存在差异的情况，允许当事人在合同中对不可抗力范围予以约定。

在此基础上，1986 年我国颁布《民法通则》（已废止），其继承了《涉外经济合同法》有关不可抗力的表述，并进一步予以规范和明确。《民法通则》第 153 条规定，不可抗力是指当事人不能预见、不能避免并不能克服的客观情况。该条款明确指出了不可抗力的三个特性，成为我国民法上对不可抗力的定义。

后 1999 年《合同法》（已废止）第 117 条完全吸纳了《民法通则》对不可

---

① 参见《经济合同法》第 27 条："凡发生下列情况之一者，允许变更或解除经济合同：一、当事人双方经过协商同意，并且不因此损害国家利益和影响国家计划的执行；二、订立经济合同所依据的国家计划被修改或取消；三、当事人一方由于关闭、停产、转产而确实无法履行经济合同；四、由于不可抗力或由于一方当事人虽无过失但无法防止的外因，致使经济合同无法履行；五、由于一方违约，使经济合同履行成为不必要。当事人一方要求变更或解除经济合同时，应及时通知对方。因变更或解除经济合同使一方遭受损失的，除依法可以免除责任的外，应由责任方负责赔偿。当事人一方发生合并、分立时，由变更后的当事人承担或分别承担履行合同的义务和享受应有的权利。"

② 参见《涉外经济合同法》第 24 条："当事人因不可抗力事件不能履行合同的全部或者部分义务的，免除其全部或者部分责任。当事人一方因不可抗力事件不能按合同约定的期限履行的，在事件的后果影响持续的期间内，免除其迟延履行的责任。不可抗力事件是指当事人在订立合同时不能预见、对其发生和后果不能避免并不能克服的事件。不可抗力事件的范围，可以在合同中约定。"

抗力的定义，认为不可抗力是不能预见、不能避免、不能克服的客观情况。① 在司法实践过程中，部分案件法院并不强求三个条件同时具备，② 且有学者主张应当按照个案进行变通处理，认为在实际生活中有的客观情况虽然并未同时具备三个“不能”，但在某些情况下同时具备两个条件也应当被认定为“不可抗力”。①

2021 年 1 月 1 日生效的《民法典》继续沿用了《合同法》中对不可抗力的表述。《民法典》第 180 条仍将不可抗力的构成设定为以上三个要件。④ 我国民法中不可抗力是法定的免责事由，即合同履行过程中出现该条件而导致合同无法履行时，债务人将被免除履行义务。⑤ 此外，《民法典》和之前的《合同法》一样，并未列举不可抗力事件的类型，也并未规定当事人可以在合同中约定不可抗力的范围。

（四）我国行政协议中不可抗力规则的适用

与上文中的情势变更规则一样，由于私法规则在我国行政协议中的讨论和研究处于初始阶段，我国行政协议中不可抗力规则的适用仍存在较大争议。有

① 参见《合同法》第 117 条："因不可抗力不能履行合同的，根据不可抗力的影响，部分或者全部免除责任，但法律另有规定的除外。当事人迟延履行后发生不可抗力的，不能免除责任。本法所称不可抗力，是指不能预见、不能避免并不能克服的客观情况。"

② 上海市高级人民法院民事判决书，（1999）沪高经终字第 423 号。

① 如甲乙双方约定 3 月 15 日交付甲出售给乙的位于山坡的房屋，3 月 11 日天气预报称将发生特大山洪，此时双方均已预见到该房屋可能被山洪冲毁，但无法避免也不能克服，在该房被山洪毁坏时，仍应构成不可抗力致使甲不能履行。参见崔建远:《合同法总论（中卷）》（第二版），中国人民大学出版社 2016 年版，第 658 页。参见崔建远:《不可抗力条款及其解释》，载《环球法律评论》2019 年第 1 期。

④ 参见《民法典》第 180 条："因不可抗力不能履行民事义务的，不承担民事责任。法律另有规定的，依照其规定。不可抗力是不能预见、不能避免且不能克服的客观情况。"

⑤ 参见《民法典》第 590 条："当事人一方因不可抗力不能履行合同的，根据不可抗力的影响，部分或者全部免除责任，但是法律另有规定的除外。因不可抗力不能履行合同的，应当及时通知对方，以减轻可能给对方造成的损失，并应当在合理期限内提供证明。当事人迟延履行后发生不可抗力的，不免除其违约责任。"

学者指出，当前我国法院对政府行为的司法审查缺乏细致的分析和论断，从而导致实践中出现将当事人违约、不加区分地把所有政策变化视为不可抗力的司法乱象。[①] 然而，若从学理上分析不可抗力规则在行政协议中的适用问题，我们可以发现导致司法混乱的原因不仅仅在于法院疏于审查的态度，而更多在于不可抗力规则本身及法律原理等方面存在的问题。具体可分为以下几个方面。

首先，不可抗力的范围存在争议。我国《民法典》并未规定不可抗力的范围，因而学者们对不可抗力的范围仍有不同的观点。不可抗力按照我国实定法规定应当具备不可预见、不能避免且不能克服三个要件，此时如地震、海啸等自然灾害并没有多少讨论的空间。然而有关社会事件，尤其是公权力行使是否可以构成合同中的不可抗力，是目前争论的焦点之一。有学者认为，政府的部门种类繁多，若将政府行为都作为不可抗力予以免责，无疑显得过于泛滥。[②] 但仍有众多学者并不对政府行为予以区分，认为其只要满足以上构成要件即可被统一作为社会事件归入不可抗力的范围。[③] 因此，在行政协议中虽然关于自然灾害的认定并不存在过多争议，但是由于政府行为作为不可抗力的事由本身在民事合同中就存在争议，而在行政协议中更多地涉及行政机关公权力行使的情形，因而该事件是否可作为免责事由予以主张，显然存在更多讨论的空间。

其次，主体地位和关系的差异。不可抗力是民法上的免责条款，虽然也有学者将其认定为免责条件，[④] 但这种轻微程度的区别并不影响我们对不可抗力的理解和适用。不可抗力规则设定的意义在于缓和严格的民事义务，从英美法上看，不可抗力是合同义务观念从绝对义务向严格义务转化的产物，而从大陆法上看，这是过错责任思想指导下的必然制度安排。[⑤] 我们必须认识到，不可抗

---

① 参见王敬波：《论政府行为作为行政协议诉讼中的不可抗力》，载《华东政法大学学报》2020 年第 4 期。

② 参见刘凯湘、张海峡：《论不可抗力》，载《法学研究》2000 年第 6 期。

③ 参见杨良宜：《合约的解释》，法律出版社 2007 年版，第 384 页；叶林：《论不可抗力制度》，载《北方法学》2007 年第 5 期。

④ 参见崔建远：《不可抗力条款及其解释》，载《环球法律评论》2019 年第 1 期。

⑤ 参见叶林：《论不可抗力制度》，载《北方法学》2007 年第 5 期。

力规则的适用前提是平等主体之间的，是基于诚实信用原则分配合同双方当事人风险和利益的机制。行政协议本身与民事合同在意思自治、当事人地位平等等方面存在较大差异，因而不可抗力规则在行政协议中的适用无疑须考虑行政协议的特殊性。

最后，法律原理的不同。从法律的角度看，行政协议最重要的问题在于依法行政原则。[①]如前所述，民事合同是平等主体间的意思自治表示，而行政协议则是行政机关与公民之间在部分领域以合同方式形成的公法上的法律关系。因此，不可抗力规则作为民法上诚实信用原则的延伸，与依法行政规则显然存在不同，并可能因此导致理论上和逻辑上的冲突。例如，行政协议中行政机关的意思表示首先应当遵循行政法上的规定，行政机关无论是作出行政行为还是签订行政协议，均须符合合法性原则。换言之，行政机关显然不能够通过合同条款约定和行政协议相对人同意的方式，处理行政行为范围之外的事务。因而在此逻辑下，行政协议中双方当事人对不可抗力事由的约定就排除了行政机关违背依法行政原则作出的行政行为。

须强调，以上几个方面虽一定程度上反映了不可抗力规则在行政协议适用中存在的问题，但这并不意味着不可抗力规则不能在行政协议中予以参照适用。反之，不可抗力规则在我国行政协议中发挥着不可替代的作用，对不可抗力规则的深入讨论将有助于我国行政协议中单方变更权、解除权的构建。

第三节　基于情势变更的行政法规则

当合同履行中发生情势变更问题时，不仅民事法律规范有解决相应问题的制度，行政法领域亦有相应规定用于解决行政协议履行过程中的情势变更问题，这就是我国行政协议中的行政优益权理论。

---

① 参见［德］哈特穆特·毛雷尔:《行政法学总论》，高家伟译，法律出版社 2000 年版，第 362 页。

一、行政优益权概述

（一）从“行政特权”到“行政优益权”

我国学界对行政优益权的了解源自王名扬先生的《法国行政法》。王名扬先生在书中详细介绍了法国行政合同制度，其中法国行政机关可与私人签订私法上的合同，即民事合同、私法合同，也可与其签订行政法上的合同，即行政合同、公法合同。行政合同与民事合同最大的区别体现在合同的履行上，即行政合同履行过程中行政主体的特权与私主体的经济利益平衡关系是最为明显的两个特征。其中行政主体的特权具体分为“要求对方当事人本人履行义务权”“对合同履行的指挥权”“单方面变更合同标的权”“单方面解除合同权”和“制裁权”；私主体的经济利益平衡表现为“取得报酬权”“损害赔偿请求权”“必要的和有益的额外费用偿还请求权”“不能预见的物质困难的补偿权”“统治者行为的补偿权”以及“不可预见的情况的补偿权”。[①]

在王名扬先生对法国行政机关在行政协议中特权介绍的基础上，我国学者也在本国话语体系中建立起行政机关在行政协议中的“特权”。有学者依据公定力和先定力理论认为，行政机关应在行政协议中根据法律规定、合同约定或政策规定享有单方面变更或终止合同的权利。[②] 同时也有学者指出，行政合同中行政机关与相对人之间的权利义务并不对等，即行政机关享有更多的权利，尤其是管理权而承担较少的义务。因此应当特别注意行政机关不能任意改变行政合同，行政机关变更合同须有一定的政策、法律依据。[③] 此时我国学者对行政机关单方面变更、解除行政协议的讨论大部分基于行政机关特殊主体地位而展

① 参见王名扬：《法国行政法》，北京大学出版社 2007 年版，第 144–154 页。

② 参见周伟：《论行政合同》，载《法学杂志》1989 年第 3 期；何军：《关于行政合同的思考》，载《河北法学》1989 年第 4 期。

③ 参见阎友森：《浅析行政合同的法律特征》，载《法学杂志》1990 年第 5 期。

开，多强调行政机关的特殊地位却忽略了相对人权利的保障。后有学者提出，行政机关可行使国家行政权单方面撤销、解除合同，而相对人并不具有这项权利，因此行使国家行政权的一方给相对人造成损失的，应当按照法律规定承担赔偿或补偿责任。[①]可以说，该阶段我国行政协议理论体系随着经济政治体制改革的深化而不断发展、完善。[②]

须指出，直到20世纪90年代初期，我国行政法学界对行政机关在行政协议中享有的包括单方变更、解除权在内的权利（力）在措辞上仍沿用王名扬先生在《法国行政法》中所采用的“行政特权”表述。这里的“行政特权”与我们今天所熟知的“行政优益权”在内容上具有高度关联性。然而，我国行政法学界如何由“行政特权”转向“行政优益权”表述已无从考证，不过笔者通过对我国20世纪90年代有关行政合同的论文和书籍进行搜集和整理，发现我国最早以“行政优益权”表达行政机关在行政合同中的“特权”体现在《行政法律行为》一书中。该书在“行政合同行为”一章中，作者认为行政机关在行政合同的缔结和履行过程中享有行政优益权。行政优益权是指行政主体在行政行为中享有的优先处分的权益，具体到行政合同的缔结和履行中表现为：（1）行政主体单方面选择行政相对人与之签订行政合同；（2）行政合同条款中出于公共利益或国家管理需要让相对人承担更多的义务；（3）行政主体可以根据公共需要单方变更或解除合同。同时作者强调，对因行政主体变更或解除合同而蒙受损失的行政相对人应予以适当的补偿或赔偿，以恢复相对人的经济平衡。[③]刘莘教授也在论文中提出行政合同贯彻行政优益权理论，并具体阐述了行政合同中的行政优益权：（1）单方面选择行政相对人；（2）履行中享有监督权或指挥权；（3）可根据公共需要在情势变更时单方面变更或解除合同；（4）对对方违约行为的制裁权。[④]此时，虽还有学者采用“行政特权”的表述，但是该“特权”

① 参见陈泉生：《论行政合同》，载《上海大学学报（社会科学版）》1991年第5期。

② 参见应松年、马怀德：《向新的高峰迈进——九十年代我国行政法学展望》，载《中国法学》1992年第3期。

③ 参见王清云、迟玉收主编：《行政法律行为》，群众出版社1992年版，第137页。

④ 参见刘莘：《行政合同刍议》，载《中国法学》1995年第5期。

的内涵与行政优益权的内容大体一致，并在前人基础上作出进一步的补充和完善:（1）行政主体单方面选择相对人;（2）行政合同履行过程中享有监督权或指挥权;（3）根据公共需要在情势变更时可单方面变更或解除合同;（4）对相对方的制裁权;（5）有权要求相对方履行义务;（6）在合同范畴、合同原则和合同订立标准上的决定权。①

在此须特别指出的是，上文中提及的“行政优益权”限定在行政协议的范围内，与传统行政法中对行政优益权的理解应当予以区分。根据传统行政法学上的行政优益权理论，行政优益权由行政优先权和行政受益权构成，是指为保障行政主体有效行使职权、履行责任而赋予其的职务上或物质上的优益条件。②通过学者们的不断讨论，行政机关在行政协议中享有不同于民事合同中的特殊权力已成为行政法学界的共识。同时行政法学者们对行政优益权的讨论已由优益权的内容、表现形式逐步转变为行政机关的这项特殊权力应如何受到约束和管控的研究。③

（二）行政优益权的理论基础

行政机关在行政协议中享有的特权就是行政优益权，具体可表现为行政相对人的选择权、行政协议内容的决定权、行政协议履行中的单方变更权与解除

① 参见王克稳:《论行政合同与民事合同的分离》，载《行政法学研究》1997 年第 4 期；杨临宏:《行政协定刍议》，载《行政法学研究》1998 年第 1 期；杨小君:《论行政合同的特征、法律性质》，载《行政法学研究》1998 年第 2 期；黄贤宏:《论行政主体合同优先权》，载《法律科学》1999 年第 4 期；阎越:《论行政合同的法律特征及其法律控制》，载《当代法学》1999 年第 6 期等。

② 参见张焕光、胡建淼:《行政法学原理》，劳动人事出版社 1989 年版，第 125 页。

③ 参见崔卓兰:《行政合同纵横论》，载《法制与社会发展》1996 年第 1 期；蔡小雪:《论对强令签订、变更、解除合同的行政行为的审查》，载《法律适用》1999 年第 4 期；程雁雷:《行政法的博弈分析：以行政合同为例》，载《安徽大学学报》2000 年第 3 期；杨洲:《行政合同“违约责任”性质刍议》，载《当代法学》2000 年第 3 期等。

权、行政协议履行中的监督权与指挥权、强制履约权与制裁权。[①] 这种贯穿行政协议整个过程的单方性、强制性权力必然有其存在的原因和依据，具体可分为以下几个方面。

1. 公共利益原则

行政协议与民事合同最大的区别在于行政协议的“行政性”。行政性具体表现为行政机关与私主体签订行政协议的目的在于实现其公共管理目标、完成管理国家的职能。从这个意义上来说，行政协议的履行过程中，若出现继续履行合同将妨害其公共管理目标实现的情形时，行政机关基于维护公共利益的考量可依职权单方面变更或解除合同。

公共利益原则并不仅体现在公、私法二元分立的大陆法系国家，同样，英国行政法学家米切尔认为，如果政府的重要活动可能或受到严重妨碍时，任何契约在任何情况下都不会被执行。[②] 以国家利益或公共利益为最高原则，在英国 1921 年高等法院王座分院审理安菲特莱特案件（Amphitrite）时就确立了该项原则。该案的法官罗拉特在判决中写道：“政府无权束缚它未来的活动，这些活动只能在问题发生时根据社会的需要来决定，契约不能妨害政府在涉及国家公共利益事项上的行政自由。”[③] 这个原则被英国的法官和法学家所接受，在 1960 年英国的高等法院和上诉法院的案件审理中适用了这个原则。上诉法院在判决书中写道：“当英王或其他人为了公共利益而享有自由裁量权时，他不能在签订一般的私法契约时承诺义务束缚自己对这些权利的使用或自由裁量权的行使。”政府签订的契约均不能妨害政府的活动和需要。基于此，行政主体出于公共利益的需要和政府行政的需要，在行政协议中享有包括单方变更权、解除权在内的行政优益权。

---

① 参见罗豪才主编：《行政法学》，中国政法大学出版社 1989 年版，第 233 页；江必新主编：《中国行政诉讼制度的完善：行政诉讼法修改问题实务研究》，法律出版社 2005 年版，第 70 页；应松年主编：《当代中国行政法》（上下卷），中国方正出版社 2005 年版，第 1023 页。

② See J.D.B Mitchell, *The Contracts of Public Authorities*, G Bell& Sons, 1954, p.57–65.

③ See Amphitrite, Rederiaktiebolaget *v.* The King, [1921]3 K.B. 500.

2. 公共服务持续性原则

行政协议伴随着公私合作进程的加快和公共管理职权的扩张而出现。行政机关为了回应当今社会不断扩张的公共服务职能，通过与私人部门合作的方式，利用私人主体的技术优势、资金优势以及管理优势，实现向“行政国家”的全面转变。[①]在行政机关与私主体合作的过程中，部分原本单独由政府提供的公共服务开始由私主体为社会公众提供，如我们日常生活必不可少的水、电、煤气、公共交通等领域。然而这种职能的转变并不意味着行政机关将其责任完全交付给私主体，换言之，私主体在合作的过程中作为公共服务的提供者，还应受到行政机关的监督与管理。公共服务持续性原则其实是公权力持续与不可让渡原则的一种细化，具体来说就是公权力是行政机关作为国家的管理者，其组织权责建立在职权的基础上，行政机关不能以与私主体签订合同的方式出让自己的权力。这就使得无论公共服务事项的具体运作方式是由公权力机关单独提供还是私主体参与其中，行政机关均具有提供公共服务的责任。具体到事关民生的重要领域，如果放任私主体的自主决策和自由经营，则无法保证这类民生领域的服务质量和水平。因此，为了维护公共服务的持续进行，行政机关也就享有该领域内行政协议中的监督权、变更权、制裁权等权力。具体而言，当公共服务的提供因客观情势发生变化时，行政机关必须保障公共服务的持续性。而与之相对的是，在保障公共服务的持续提供和运营的前提下，私主体可要求行政机关予以补偿经济支出和利益。从这个角度我们可以看出，事实上公共服务持续原则与经济利益平衡原则是一个硬币的正反两面。这一点在法国行政协议中也体现得尤为明显。[②]

3. 公务适应原则

公务适应原则也被称为公共服务的“可变性原则”，是指某项具有公共服务

① 参见［新西兰］迈克尔·塔格特编:《行政法的范围》，金自宁译，中国人民大学出版社 2006 年版，第 1–5 页。

② 参见李颖轶:《优益权的另一面：论法国行政合同相对人保护制度》，载《苏州大学学报（哲学社会科学版）》2020 年第 2 期。

性质、属于行政权范畴的事项须根据公共服务事项的实际变化不断调整服务内容，以实现公共利益的最大化。[①]虽然公共利益本身是永恒的，但是如何实现公共利益以及公共利益在不同社会发展阶段的具体表现均可能存在细微差别。因此，公务适应原则与上文的公共服务持续性原则可以看作一个硬币的两面，即行政机关为了在不断变化的经济社会中实现公共利益，维持公共服务的持续性，可以采取不同的手段执行行政任务、行使行政职权。正如法国学者狄骥所指出的，公共服务的内容始终是变化的，唯一能够确定的是随着文明的发展，政府活动的数量和公共服务的数量不断增加。[②]行政机关不再一成不变地执行任务，而是根据人民需求的变化予以调整。

4. 公务利益平衡原则

在综合考虑以上原则的基础上，行政机关有权根据公共利益的需要单方作出变更或解除行政协议的行为。但是与以上原则相对应的是，行政协议相对人因行政机关行为遭受损失的，行政机关应当对此承担相应的补偿或赔偿责任，以恢复对方当事人的经济利益平衡。换言之，行政机关在单方变更、解除行政协议时，必须保证相对人以合同约定取得报酬和损害赔偿的权利、必要的额外费用有偿请求权、不可预见行为的补偿权和基于行政主体特权造成损害的补偿权。这是行政协议中私主体一方的权利，同时也是行使行政优益权的限制条件。经济利益平衡原则是从保护行政协议中私主体一方权益出发的，最重要的法律效果就是保障了当事人可向行政协议中行政机关请求经济上的补偿。

以上四个原则作为行政优益权的理论依据，通过行政法律规范予以贯彻实施。行政主体的特权与对方当事人的利益平衡作为行政协议最为重要的两个特点，表现在行政主体和对方当事人各自的权利、义务之中。[③]

---

① 参见陈淳文:《论行政契约法上之单方变更权——以德、法法制之比较为中心》，载《台湾大学法学论丛》第 34 卷第 2 期。

② 参见 [法] 狄骥:《公法的变迁》，郑戈译，商务印书馆 2013 年版，第 47–60 页。

③ 参见王名扬:《法国行政法》，北京大学出版社 2007 年版，第 151 页。

二、比较法上的行政优益权

行政优益权的概念来自法国行政法，法国最高行政法院通过一系列的典型案例创设了行政协议的判例法源。根据法国行政法上的优益权原理，行政机关在行政协议中享有一系列特权，具体可分为以下三个类别。

第一，监督、指挥、制裁权。

在传统行政法中，行政机关作出的行政行为往往是单方性的，这种单方行政行为通过命令—服从的方式实现。具体到行政协议中，行政机关依然享有这样的单方权力，在行政协议履行过程中具体表现为：监督当事人按照合同内容具体规定履行权利、行政协议具体执行措施的指挥权，以及对方当事人违反合同时行政机关的制裁权。

行政机关的监督权虽然要求当事人按照合同约定履行义务，但这并不排除不可抗力规则的适用。法国行政法院允许当事人援引不可抗力请求法院宣告解除合同、免除合同义务。不可抗力规则虽源自法国民法，但其同样适用于行政协议领域。行政协议对方当事人援引不可抗力须同时满足以下三个条件：构成不可抗力的事件与当事人行为无关；事件的发生不可预见；合同的履行是绝对意义的不可能。行政机关的指挥权是指行政机关对具体执行的措施和方式享有指挥权。王名扬先生在《法国行政法》中指出，指挥权根据行政协议种类的不同在程度上存在差异，一般会规定在行政协议的条款之中。但是，即使行政协议相关条款并没有予以规定，法院一般认为行政机关依然享有对协议的指挥权。因为行政机关是公共利益的维护者和执行者，有权决定何种履行方式最符合公共利益需要。[①]这就意味着，行政机关对行政协议的指挥权在法国行政法上是一种天然的权力，无须通过行政协议条款予以规定。当行政协议对方当事人存在不履行、延迟履行等履行不完全的情形时，行政机关享有制裁权。这里的制

① 参见王名扬:《法国行政法》，北京大学出版社 2007 年版，第 152 页。

裁权不仅包括金钱上的制裁，还包括行政机关采取强制执行措施实现合同规定的义务，以及当对方当事人存在严重过错时解除行政协议的权力。须注意，当行政机关以实施制裁权而解除协议时，对方当事人是不享有任何补偿权利的。

第二，行政机关单方变更权。

根据行政优益权理论依据中的公共服务持续性原则和公务适应原则，行政机关在协议履行过程中可以根据公共利益的变化对合同内容进行调整，这就是行政机关享有的单方变更权。单方变更权可以变更对方当事人的给付范围、扩大或减少其给付义务。单方变更权是在一系列判例基础上发展起来的，而其中最著名的案件当数“法国电车总公司案”。该案中，行政机关要求电车公司在夏令时中增加运行班次，但电车总公司以其增加了履行义务予以拒绝。法国最高行政法院在审理中指出，行政机关可以根据公共利益需要对行政协议内容予以变更。[①] 与指挥权、制裁权一样，单方变更权同样属于公共秩序的范畴，因而该权力也是一种天然的权力，无须当事人在合同中约定且行政机关不可对该权力予以放弃。但同时，行政机关的变更权只能在一定限度内行使，并应当根据上文中的利益平衡原则对当事人加重义务的部分予以补偿。此外，若行政机关变更的内容超过一定限度，或已突破原协议内容更多，可以看作一个新协议义务时，对方当事人可以请求法院解除该合同或另订新合同。

第三，行政机关单方解除权。

行政协议缔结后若出现客观情势的变化，导致原行政协议不再符合公共利益需要时，行政机关可以对该协议予以解除。这里的单方解除权与第一类别中制裁权下属的解除权不同，在此语境下行政机关解除协议，需要对当事人给予完整的补偿。与上文中的监督权、指挥权、变更权一样，行政机关的单方解除权同样属于公共秩序的范畴，即该权力无须约定、天然享有且不可放弃。

---

① 参见李颖轶:《法国行政合同优益权重述》，载《求是学刊》2015 年第 4 期；陈天昊:《行政协议中的平等原则：比较法视角下民法、行政法交叉透视研究》，载《中外法学》2019 年第 1 期。

三、我国行政法规范中的行政优益权

通过前文对我国行政优益权的历史梳理，我们不难发现，我国行政协议中的行政优益权更多是“舶来品”，缺乏本国语境下的理论基础和研究。从行政法律规范上来看，行政优益权在我国行政协议中突出表现为行政机关单方变更、解除行政协议的权力。

2014 年修正的《行政诉讼法》第 12 条将行政机关不依法履行、未按约定履行或违法变更、解除政府特许经营协议、土地房屋征收补偿协议的行为纳入《行政诉讼法》的受案范围。[①]此时的《行政诉讼法》还未明确使用“行政协议”的表述，而是通过列举的方式将政府特许经营协议、土地房屋征收补偿协议归入行政诉讼审查范围。随后在 2015 年最高人民法院发布的《关于适用〈中华人民共和国行政诉讼法〉若干问题的解释》(以下简称 2015 年《行政诉讼法司法解释》)中，最高人民法院进一步将政府特许经营协议、土地房屋征收补偿协议明确为行政协议，并对行政协议的概念进行了界定。[②]该司法解释将行政机关行使单方变更权、解除权的条件设定为“因公共利益需要”，同时规定因单方变更、解除行为给相对人造成损失的，行政机关应当予以补偿。[③]通过 2014 年《行政诉讼法》和 2015 年《行政诉讼法司法解释》的规定，我国行政优益权在行政法律规范上初具雏形。行政优益权的行使条件为公共利益需要，具体表现为行政机关变更、解除行政协议两种类型，行政机关相对应的责任义务为对方当事人的补偿义务。

《行政诉讼法》于 2017 年再次修正，现行《行政诉讼法》继续沿用了 2014

① 参见《行政诉讼法》(2014 年修正)第 12 条第 1 款第 11 项。

② 参见《最高人民法院关于适用〈中华人民共和国行政诉讼法〉若干问题的解释》(法释〔2015〕9 号)第 11 条。

③ 参见《最高人民法院关于适用〈中华人民共和国行政诉讼法〉若干问题的解释》(法释〔2015〕9 号)第 15 条。

年《行政诉讼法》相关表述，在文本中采用列举方式明确政府特许经营协议、土地房屋征收补偿协议属于行政诉讼受案范围。最高人民法院于2019年发布《关于审理行政协议案件若干问题的规定》(以下简称《行政协议司法解释》)，[①] 该司法解释在2015年《行政诉讼法司法解释》的基础上，对行政协议的定义、范围进一步予以明确。根据《行政协议司法解释》第11条规定，人民法院对行政机关订立、履行、变更、解除行政协议的行为进行合法性审查。此外，该司法解释第16条明确赋予了行政机关在协议履行过程中基于国家利益、社会公共利益考量行使变更、解除行政协议的权力，同时规定若该行政行为合法但给原告（行政协议对方当事人）造成损失的，行政机关应当予以补偿；该行政行为违法且给行政协议对方当事人造成损失的，应当予以赔偿。[②] 除单方变更、解除权外，《行政协议司法解释》第24条还赋予了行政机关对行政协议的监督权和请求法院予以强制执行的权力。[③]

现行《行政诉讼法》和《行政协议司法解释》在实体法上共同搭建起我国行政优益权。由此，我国行政优益权的具体内容为：基于国家利益、社会公共利益考量行使的单方变更、解除权以及行政协议对方当事人不履行约定义务时，行政机关的监督权以及请求法院强制执行权。须注意，与上文中比较法上行政优益权内容不同，我国行政优益权的内容具体表现为监督权、单方变更权、单方解除权三个方面，而不存在指挥权和制裁权。其中监督权是针对当事人不履行约定义务的情形，单方变更、解除权是针对国家利益、社会公共利益将出现严重损害的情形。此外，行政机关可请求法院对行政协议予以强制执行，但这种强制执行权必须通过法院实施，且应当满足在程序上行政机关催告、行政协议对方当事人法定期满不申请复议或提起诉讼且仍不履行，在实体上协议内容具有可执行性两方面规定，方具有的强制执行权。从这个意义上看，我国行政优益权的内容更为狭窄，行使条件更为严格且同时规定了行政机关行使优益权的“对价”，即对协议对方当事人的补偿义务。

① 法释〔2019〕17号。

② 参见《行政协议司法解释》第11条、第16条。

③ 参见《行政协议司法解释》第24条。

第四节　行政优益权与不可抗力、情势变更规则的关系

本章第二、三节分别对民法和行政法上有关情势变更的制度进行了较为细致的阐释，意在明晰民法规则与行政法规则在面对共存于公、私法中的情势变更客观现象时，相应的解决思路和方法。这是明确我国行政协议单方变更权、解除权性质的第一步，也是确定我国法院对单方变更权、解除权审查路径的基础。通过对民法上情势变更规则、不可抗力规则以及行政法上行政优益权理论的分述，我们将在本节对以上内容进行对比研究，具体分析民法规则与行政法规则的相同点与不同点，从而回答困扰我们已久的问题：民法与行政法对于单方变更、解除权的态度是不是天然对立的？民法规则与行政法规则对单方变更、解除权的规定是否存在竞合的可能，以及我国行政协议中单方变更权、解除权的理论依据有哪些？

一、民法与行政法有关情势变更规定的相同点

（一）客观基础相似

本章第一节开篇便对行政协议中可能出现的客观情势变化进行了说明和分类，说明情势变更是一种客观现象，无论是民事合同还是行政协议均无法避免该客观情势的出现。此外，第二节中对情势变更规则、不可抗力规则的阐释，说明了此二者均基于合同客观条件发生重大变化而产生。换言之，情势变更规则中的“须有情势之变化”与不可抗力规则中的“不可抗力的出现”均可认为是合同的客观基础发生的重大变化。

观之行政法上的优益权理论，虽然我们现在普遍认为优益权的行使条件在

于“维护公共利益”，[①] 但若从逻辑上进行反推，行政机关与相对人订立行政协议之时，一定不存在“严重损害国家利益、社会公共利益”的情形，否则该行政协议没有订立的可能性或者该行政协议为无效行政协议。[②] 因此，行政优益权行使的客观基础与情势变更规则、不可抗力规则一样，都是由于协议在时间上的延续导致合同客观条件发生变化，而基于这种客观条件的变化继续按照原行政协议履行将导致公共利益的受损，行政机关方有行使优益权的余地。从这个层面看，情势变更规则、不可抗力规则、行政优益权的行使均以协议客观基础发生变化为首要条件。

（二）表现形式相似

情势变更规则的适用在合同履行中具体表现为合同的变更权和解除权，即合同一方当事人主张情势变更规则得到法院的认可时，指向合同的变更与解除。具体而言，虽然各国立法规定有所不同，但基本可以认为情势变更规则的法律效果首先表现为合同双方当事人的再交涉义务。如《国际商事合同通则》中规定，若出现艰难情形，处于不利地位的当事人有权要求重新谈判。[③] 再交涉义务之后可能出现两种情形，若双方再次依照诚实信用原则进行协商且达成合意，则依照双方协商继续履行合同；若双方当事人协商不成的，当事人可以请求法院对合同予以变更和解除。须强调，此时的变更权和解除权均不是典型意义的形成权，并非当事人一方意思表示即可造成法律关系的变动。这里的变更权和解除权应属于一种实体权利，需要通过诉讼或仲裁的方式予以实现。[④]

不可抗力规则的适用在合同中表现为合同的解除。与情势变更规则不同，

---

① 参见王名扬：《法国行政法》，北京大学出版社 2016 年版，第 151–153 页；罗豪才、湛中乐主编：《行政法学》（第 4 版），北京大学出版社 2016 年版，第 281–291 页；邢鸿飞：《行政契约》，载应松年主编：《当代中国行政法》（第 5 卷），人民出版社 2018 年版，第 1746–1749 页。

② 参见《行政协议司法解释》第 12 条、第 15 条。

③ 参见韩世远：《情事变更原则研究》，载《中外法学》2000 年第 4 期。

④ 参见梁慧星：《中国民法经济法诸问题》，法律出版社 1991 年版，第 227 页。

不可抗力对合同履行造成的结果是根本上、绝对意义上的不可能，因而也没有双方再协商之必要以及合同条款修改的空间。因此，不可抗力规则的表现形式为合同的法定解除。

行政优益权理论中行政机关出于维护公共利益的需要，可以作出单方变更、解除行政协议的行政行为。因此，行政优益权在行政协议履行中具体表现为单方变更协议和单方解除协议两种。但是值得注意的是，这里的单方解除与不可抗力规则下的解除权相似，可通过一方当事人意思表示而实现；但是单方变更权与情势变更规则中的变更权不同，显然在优益权框架下这种变更权是行政机关单方的意思表示，而情势变更规则下的变更权须请求法院或仲裁机构予以实现。

二、行政优益权与情势变更规则、不可抗力规则的比较

行政优益权虽然在客观基础、表现形式上与民法上的不可抗力规则、情势变更规则高度重合，但是此三者最大的不同在于其背后的理念。不可抗力规则、情势变更规则均为合同履行中的风险分配制度规则，是出于保护合同双方当事人权利义务不过分偏重其中一方而产生的。① 根据对相关学说、法律规定的梳理应当认为，行政优益权行使条件为“公共利益受损”。

（一）行政优益权与情势变更规则

对比分析情势变更规则与行政优益权我们可以认为，行政协议中若因情势重大变更导致按原协议继续履行公共利益将严重受损时，从行政法角度看符合了行政优益权的行使条件；而从“情势变更规则”角度看，若要满足情势变更规则的行使要件，须在履行过程中出现客观情势的巨大变化，按原协议内容履行将对行政机关一方“显失公正”。因此在行政协议中，对于行政机关而言，情

① See Atiya, *The Sales of Goods*, Pitman Publishing, 1995, p.300.

势变更规则没有单独存在的可能性，而完全被行政优益权所吸收。

首先，情势变更规则与行政优益权的行使条件发生“重叠”。如前所述，无论是情势变更规则还是优益权，均以履行过程中客观情势的重大变化为其客观基础。此外，根据我国法律规定，行政机关单方变更、解除行政协议的条件是协议履行过程中出现严重损害国家利益、社会公共利益的情形。而公共利益就是公共机构的利益，政府的各种组织和程序代表着公共利益的不同侧面。[①] 因此，若行政协议在履行过程中客观情势发生变化，按照原协议内容继续履行将可能造成行政机关一方利益的“显失公正”时，行政机关便可主张公共利益受损而单方变更、解除行政协议。此时，行政优益权的行使条件已达成，因而行政机关没有主张适用情势变更规则的必要性。

其次，情势变更规则在程序上不适用于行政机关。根据我国《民法典》中情势变更规则条款，若合同一方当事人主张情势变更规则，应当请求法院或仲裁机构。但是根据我国《行政诉讼法》，行政机关无法作为原告主动针对行政协议提起诉讼。换言之，即便在行政协议履行过程中出现了符合情势变更规则的情形，行政机关也无法以该规则为由变更、解除行政协议。因此，情势变更规则对行政机关不存在适用的可能性。

综上，在行政协议履行过程中因客观情势重大变化导致协议履行困难时，行政机关完全可以依照《行政诉讼法》赋予的变更、解除权对该情形予以处理，也就是依照行政法上的“行政优益权”单方面变更协议内容或解除该行政协议。情势变更规则在行政协议中，无论从可能性还是必要性来看，均不适用于行政机关一方。因此我们可以认为，对行政机关而言，情势变更规则已完全被行政优益权所吸收。

---

① 参见[美]塞缪尔·P. 亨廷顿:《变化社会中的政治秩序》，王冠华、刘为等译，上海人民出版社2008年版，第20页。

（二）行政优益权与不可抗力规则

不可抗力规则的客观基础为自然灾害、社会重大变动和行政机关的行为三大类。不可抗力规则在行政协议中的适用，尤其是海啸、地震等自然灾害以及战争等社会重大变动的情形与其在民事合同中并不存在较大差异。同时，不可抗力规则无须通过法院或仲裁机构实施。因此，行政协议履行中出现自然灾害或社会重大变动导致协议无法继续履行时，行政机关可以主张不可抗力解除合同。

行政协议中，不可抗力最具特殊性的情形是行政机关行为导致的协议无法履行，如房屋征收协议因行政机关对该地区征收规划的变动、[①] 投资开发协议中政府规划调整、[②] 政府特许经营协议法律变化 [③] 或行政区域调整 [④] 等导致的行政协议不能继续履行。本章第一节已对这类公权力行为进行了分类，即分为非缔约行政机关所作行政行为、缔约行政机关基于协议内容所作行政行为、缔约行政机关基于行政职权所作行政行为三种类别。此三类行为不可盖然认为全部归属不可抗力，我们应当在具体类别中仔细讨论。

首先，非缔约行政机关行为。须指出，为能够全面概括公权力行使的情形，我们这里所说的“非缔约行政机关”应作广义上“国家机构”的理解，即包括立法机关和行政机关。因此，非缔约行政机关所作行为就包含了法律法规的变动、国家政策和上级机关政策的调整。根据我国行政组织法，我国行政机关之间的纵向关系属于等级命令关系。[⑤] 这就意味着上级行政机关作出的行政行为，

---

① 最高人民法院行政裁定书，（2017）最高法行申 4587 号。

② 最高人民法院行政裁定书，（2018）最高法行申 5816 号。

③ 一审湖南省衡阳市蒸湘区人民法院行政判决书，（2019）湘 0408 行初 18 号，二审湖南省衡阳市中级人民法院行政判决书，（2020）湘 04 行终 53 号。

④ 一审大连市中级人民法院行政判决书，（2017）辽 02 行初 136 号，二审辽宁省高级人民法院行政判决书，（2018）辽行终 1492 号，再审最高人民法院行政裁定书，（2019）最高法行申 5397 号，再审辽宁省高级人民法院行政判决书，（2020）辽行再 18 号。

⑤ 参见叶必丰:《行政组织法功能的行为法机制》，载《中国社会科学》2017 年第 7 期。

下级机关有义务服从且不能回避。[①] 从这个意义上讲，上级机关的行为对下级机关来说具有不能避免性、不可克服性。根据我国《民法典》对不可抗力的规定，不可抗力构成要件可分为主观要件中的“不可预见”和客观要件中的“不能避免性、不可克服性”。[②] 既然上级机关的行为无法避免也不能克服，那么我们就将讨论的焦点集中在该行为是否是缔约行政机关可以预见的。不可抗力规则中的不可预见是指，协议履行过程中出现当事人签订合同时无法预见的客观情况。[③] 缔约行政机关的预见能力根据王敬波教授观点，应依其享有的行政职权及法律地位决定而具有更强的预见能力和更高的勤勉注意义务，即对其预见能力采用专业标准。[④] 值得注意的是，这种预见能力针对的是缔约行政机关签订协议时对合同客观条件的判断，应不包含行政协议签订后上级机关所作行政行为。因此，我们可以认为行政协议履行障碍因非缔约行政机关所导致时，原则上应当认为其属于不可抗力，当然有证据表明缔约行政机关对该行政行为能够预见的情形除外。

其次，行政协议缔约方基于行政管理职权所作行为导致履行障碍。缔约行政机关除作为行政协议一方当事人之外，还享有公共管理职权。这也是导致行政协议较之民事合同更为复杂的原因所在。缔约行政机关所作行政行为可具体分为基于协议关系作出和基于行政管理职权作出两种情形，前者属于典型的行政优益权范畴，后者在法国法上被称为“王之行为”（fait du prince）。[⑤] 从不可

---

① 这种上级机关的行政行为在实践中多表现为抽象行政行为，如地方性法规、地方政府规章等。此类行政行为虽以法律形式表现，但更多是出于政策性考量。

② 参见《民法典》第 180 条：“因不可抗力不能履行民事义务的，不承担民事责任。法律另有规定的，依照其规定。不可抗力是不能预见、不能避免且不能克服的客观情况。”

③ 参见韩世远：《合同法总论》（第二版），法律出版社 2008 年版，第 326 页。

④ 王敬波教授援引“贵州古法酿酒集团有限责任公司、贵州赤水源酒业有限公司等与金沙县人民政府行政协议纠纷案”认为，行政机关的控制能力受层级影响。若无证据表明下级机关提前了解上级机关规划的变化时，则应当认为属于不可抗力。参见王敬波：《论政府行为作为行政协议诉讼中的不可抗力》，载《华东政法大学学报》2020 年第 4 期。

⑤ See L.N. Brown and J. S. Bell, *French Administrative Law* 5th Edition, Oxford University Press, 1998, p.206–210.

抗力构成要件进行分析，笔者认为这类行为不具有“不可避免”“不能克服”的特性，因此这类行为应当排除在行政协议的“不可抗力”范围之外。

综上，行政协议中不可抗力规则有存在的必要性和容许性。对缔约行政机关而言，当面对自然灾害、社会动乱及法律和上级政策的变动时，应当准许其主张适用不可抗力规则。

三、行政协议法律适用模式

（一）比较法上的行政协议法律适用

世界各国对行政协议法律适用问题主要分为以下三种模式。

第一种是英美采用的“普通法 + 特别规则”模式。英美作为普通法系国家，没有公私法划分的历史传统，因而行政机关与私人之间签订的所有合同均统称为政府合同。在政府合同中，政府与私人之间一般认为是平等主体关系，因此政府合同与普通民事合同一样，均适用相同的法律制度。但同时也有学者指出，尽管人们难以接受拒绝使用私法合同规则，但若一味将私法合同的原则和规则直接适用于具有公共属性的合同中，将会导致更大的危机。[①] 在这种理念的指引下，美国法院在审理政府合同中虽然一般不认为其与民事合同有本质差别，但在政府合同中双方可通过合同条款约定的方式明确行政机关在公共利益需要之时享有特别权利。如英国地方政府签订合同要受到“越权无效”原则（ultra vires）和“禁止束缚”原则（No Fettering Rule）的约束。[②] 此外，美国也在 United States *v.* Winstar 案中确立了以损害赔偿方式保护私人信赖的规则。[③]

第二种是“完全的行政法”模式。作为行政协议的“母国”，法国以其特有

---

① See Donald Frezen, *The Administrative Contract in the United States*, George Washington Law Review, 37, 1968, p.270–292.

② See P.P. *Craig, Administrative Law*, 5th Edition, Thomson Sweet & Maxwell, 2003, p.547–548.

③ United States *v.* Winstar, 518 U.S.839, (1996).

的行政判例和立法实现了该种模式。法国通过立法和司法裁判，建立起较为完整的、平行于私法合同制度的行政协议法律体系。法国行政法院首先通过判例明确了行政协议的主要法律规则，包括行政协议的识别标准、行政机关单方变更、解除协议等行政协议规则。此外，立法机关也不断制定有关行政协议的成文法，如公共采购法典、关于公共服务委托合同的法令以及公私合作合同的法令。但是，法国行政法院在审理行政协议案件时，并没有完全排除民法规则的适用，而是在一定程度上接纳了部分民法典中规定的民事合同规则。但是相较下文中德国所采用的模式，法国行政协议法律适用仍以行政法律规范为主体，行政协议法律规范更具整体性和完整性，因此仍将其作为完全的行政法模式。

第三种是“行政法＋准用民法”模式。这种模式以德国为代表，《德国联邦行政程序法》中规定，行政合同的法律适用顺序为:《联邦行政程序法》第54-61条→《联邦行政程序法》其他规定→《民法典》。[①] 这种“行政法＋准用民法”模式的优势在于无须大刀阔斧地对行政协议进行专门立法，可吸纳原本已相对完善的民事合同规则体系，具有一定的制度优势。但是该模式的问题也是相对突出的：公法与私法在历史发展阶段和价值内涵上均有不同程度的差异，因而民法领域的一般原则和规则可否直接适用于公法领域的行政协议，或者说行政协议中民事法律规范应在何种程度上适用，仍是需要进一步探讨、研究的重点所在。

（二）我国“行政法＋准用民法”模式

通过上文对相关国家行政协议法律适用模式的介绍，我们可以发现每个国家所采用的模式均建立在本国文化传统和法律制度的基础上。英美国家由于没有严格的公私法区分，所有的政府合同均统一适用普通法，当普通法无法解决具体问题时，再适用行政法。法国因行政法理论体系十分完善且有专门的行政

---

① 根据《德国联邦行政程序法》第62条规定，第54至61条未另有规定的，适用本法其余规定。另补充适用民法典的有关规定。

法院，因此其行政协议的审理主要适用行政法。德国作为大陆法系国家，既有公私法二元划分的历史传统，又不同于法国那样具备完善的行政法制，因而在行政法的基础上通过吸纳民事法律规范的方法，解决行政合同中的争议。

从我国法律传统和现实情况出发，由于我国具有明确的公私法划分和民事合同、行政协议二元区分，显然英美国家的做法并不可取。此外，由于我国行政法较之民法仍处于“新生”阶段，若要在短时间内建立起一套完整的行政协议法律规则体系显然并不现实。因此，综合考虑以上因素，德国所采用的“行政法＋准用民法”模式应对我国行政协议法律体系建设最具借鉴意义。我国行政协议的法律适用问题应当在以行政法律规范为主体的基础上，对部分民事法律规范予以改造和吸纳。民事合同与行政协议并不是天然对立的，相反二者在多个方面具有相通性。同样地，民事法律规范与行政法律规范也不是天然对立的，正如前文中所详细论述的情势变更一样，民事法律规范与行政法律规范在表现形式、理念上具有高度的相似性和相关性。这就意味着，虽然民事合同与行政协议在具体适用的法律原则、法律规则不同的情形下，我们仍然应当看到其背后的共通性，而这种共通性就是行政协议准用民事法律规范的前提和基础，为我国行政协议准用民事规则提供了可能性。

通过对我国现状进行观察，有关民事合同的法律规范在我国已有相当悠久的历史，而行政协议作为公私合作背景下的新兴事物，不仅其自身带有新兴特质，甚至我国行政法规范较之民法规范都是一种“新兴”。因此，从这个意义上讲，既然民事合同法律规范已成为较为完备的体系，若此时选择放弃这样的现实基础转向建立单独的行政协议法律规范体系，不仅在短时间内难以实现，甚至可能出现针对同一问题的反复、无用讨论，从而影响我国行政协议的发展和行政协议法律体系的建立。这种民事合同与行政协议规则体系的严重不平衡性，使得我国行政协议准用民事规则显得尤为必要。

但同时我们也应当结合行政协议的特殊性，对行政机关适用不可抗力条款进行“改造”。其一，应当提高行政机关一方的主观注意、勤勉义务。其二，对行政协议可以继续履行的部分应当强调继续履行义务。我国民法中不可抗力规则直接导向合同的解除，而行政协议作为行政机关实现公共服务、社会管理目的的一种方式，应当认为行政机关有义务尽可能保证公共服务的持续性。如“大连普湾经济区管理委员会与大连益普燃气发展有限公司案”[1]中，协议双方应当对未受到区划变更影响的范围按照原行政协议义务继续履行。

① 一审大连市中级人民法院行政判决书，（2017）辽02行初136号，二审辽宁省高级人民法院行政判决书，（2018）辽行终1492号，再审最高人民法院行政裁定书，（2019）最高法行申5397号，再审辽宁省高级人民法院行政判决书，（2020）辽行再18号。

第五章

我国行政协议单方变更、解除权的理论革新与实际价值

从前文的梳理和论述可以看出，我国行政协议变更、解除权中公私法律规范的混用和竞合已严重掣肘我国行政协议实践。若无法解决这个问题，我国行政协议的发展将面临重大挑战。然而仅按照传统的法学研究方法，难以对上述问题提供明确的答案。此时，我们有必要突破传统法学学科研究方法，转向其他学科的研究方法进行研究。本章将采用法经济学研究方法，通过交叉学科研究对我国行政协议中行政机关享有的优益权进行分析，并在结合第三章对我国行政协议的类型化研究的基础上，对公权力型协议和风险型协议中的优益权适用条件和限度以及相应的补偿责任予以分析论述。

之所以选取法经济学研究方法，主要出于以下两方面考虑：其一，行政协议本身的合同性。行政协议不仅是行政机关实现公共服务目的、行使公共职权的一种手段，私主体更具有获得经济利益的权利，尤其在风险型行政协议中，私主体通过参与社会活动获得政策优惠、经济报酬。既然行政优益权依托行政协议而存在，那么脱离了行政协议的双方性探讨行政优益权显然有失妥当。因此，行政优益权的行使除了满足"国家、社会公共利益受到损害"的要求之外，需要综合考量行政协议相对方的利益得失，对行政协议相对方的损失给予补偿或赔偿，也符合我国当前立法规定。[①] 其二，法经济学的现实特性与行政协议实践特性相吻合。从理论上推演，行政优益权行使的基础条件为"维护公共利

① 参见《最高人民法院关于审理行政协议案件若干问题的规定》第16条。

益、国家利益”，但事实上我国司法中的行政优益权早已脱离了这个限定，具有更为广泛的含义。换言之，行政优益权的实际运用突破传统行政法学科界限，与合同法等私法领域的相关概念和原则相竞合。这种公、私法的交织难以单纯依赖传统法学的逻辑分析予以有效应对。而法经济学的研究重点正是以“实际中的法”替代“书本上的法”，以法律的实际效果与目标的一致性作为法律改革的重要政策指导。法经济学所蕴含的“合理主义”和“现实主义”正是当前我国行政协议法律制度发展的必然要求。基于以上两方面考量，下文将结合法经济学有关合同的研究，对我国行政协议中的利益衡量进行分析阐述。

第一节　行政协议的经济学分析

合同的核心问题主要围绕以下三个方面展开：第一，何种承诺具有法律上的强制力；第二，如何使承诺得到最优的履行；第三，当承诺没有被履行时，如何恢复之前的状态或实现之前订立的目标。以上三个方面分别对应着合同的订立、履行和救济。法经济学针对以上问题，发展出合同的经济理论。合同经济理论同样适用于行政协议之中。

一、行政协议的缔结

通过“代理博弈”我们可以认为，当交易过程中存在承诺的交换和兑现之间有较长的时间差时，为了合理分配交易中的不确定性和风险性，交易双方更倾向于采用一种可以通过强制履行的方式，最终实现交易。[①]行政协议本身具有合意性和长期性特征，这种特质尤为明显地体现在风险类行政协议中。下文将采用代理博弈为例对行政协议进行分析。在代理博弈中，博弈人一（即私主

① 参见［美］罗伯特·考特、托马斯·尤伦:《法和经济学》（第5版），史晋川、董雪兵等译，格致出版社、上海三联书店，2010年版，第182–185页。

体）决定是否参与到博弈人二（行政机关）控制的项目之中并进行投资。下表则表示博弈前后博弈双方的收益变化。

表 5.1　无协议的代理博弈

		博弈参与人二（行政机关）	
博弈参与人一（私主体）		履约	侵吞
	投资	0.5 0.5	1.0 –1.0
	不投资	0 0	0 0

首先，我们应当回答的问题是私主体是否应当进行投资。从上表我们可以看出，若私主体进行投资 1 个单位，那么他可能面对两种结果：第一，行政机关与私主体均获得 0.5 个单位的收益，前提条件为行政机关没有侵吞私主体的财产；第二，若行政机关侵吞私主体财产，私主体将损失其 1 个单位的投资。从这个角度看，若私主体意识到行政机关将侵吞其财产，则不会进行投资，而这显然与现实中鼓励私主体参与投资的本意相违背。因此，行政协议的根本要求应当是行政机关不会侵吞私主体财产，即当其存在侵吞私主体投资行为时，应当负有归还投资并进行赔偿的责任。这也符合我国《行政诉讼法》及其司法解释对行政协议的原则性规定。

具体而言，根据我国《行政协议司法解释》，当行政机关不履行、不按照约定履行行政协议时，若协议仍存在履行的可能性，应当判决双方继续履行协议；若协议不存在履行的可能性时，行政机关应对相对方的损失予以赔偿。[①] 此外，行政机关单方变更、解除行政协议的行为存在合法与违法两种可能性：第一，若行政机关变更、解除协议的行为合法，则法院应当驳回原告请求撤销该行为的诉讼请求，并由被告（行政机关）对原告的损失予以补偿；[②] 第二，若行政机关变更、解除协议的行为违法，则法院判决被告继续履行协议并对原告的损失

① 参见《行政协议司法解释》第 19 条。

② 参见《行政协议司法解释》第 16 条第 1 款。

进行赔偿；[①] 第三，若行政机关的行为虽合法但导致原告履行不能、履行成本明显增加、遭受损失时，行政机关应依照原告的要求给予补偿。[②]

表 5.2　行政协议的代理博弈

博弈参与人一（私主体）		博弈参与人二（行政机关）	
		履约	侵吞
	投资	0.5 0.5	–0.5 0.5
	不投资	0 0	0 0

从上文的表述可以看出，根据我国《行政诉讼法》及其相关司法解释，行政协议中若行政机关侵吞私主体投资时，须负有赔偿责任；若行政机关的行为虽合法但客观上导致私主体投资被损害时，须负有补偿责任。基于此，行政协议中的代理博弈可以由上表进行阐释：私主体不参与投资的话，则其不产生任何收益；私主体参与投资时，无论行政机关因何原因造成客观上侵吞私主体投资，均负有赔偿补偿责任。因此，对私主体来说，只要投资都将获得 0.5 个单位的收益，因此私主体应当进行投资；对行政机关来说，侵吞将导致其损失 0.5 个单位收益，而合作则将获得 0.5 个单位收益，因此一般意义上应当选择合作。行政协议的经济价值在于其促使私主体参与到公共建设之中，促成行政机关与私主体之间的合作。

行政协议中私主体与行政机关的合作可看作效率原则的一种表现，效率原则的基本内容是指如果合同经修改后有可能在双方不受损的条件下至少使一方受益，那么之前的合同就是无效率的；如果修订不能够实现上面的目的，那么之前的合同就是有效率的。这种对合同效率的分析就是经济学上的“帕累托效率”。同样地，若采用帕累托效率对行政机关变更、解除行为进行分析，分析其对行政协议的修订对双方利益的影响，或可从新的角度对我国行政优益权进行

① 参见《行政协议司法解释》第 16 条第 3 款。

② 参见《行政协议司法解释》第 21 条。

阐述和解释。

二、行政协议的履行

本文第二章已对我国现实中行政机关行使优益权的理由进行了总结，我国行政机关行使优益权的原因可以归为两大类：第一，行政协议无效，行政机关予以解除；第二，行政协议本身已成立，但在履行中出现意外情形导致无法继续按原协议内容履行，主张解除或对部分条件予以变更。这两类优益权的行使最终均归结为“为了维护公共利益”。正是由于行政协议本身的“公益性”和行政机关本身为公共利益的代表者，行政协议本身或多或少都带有“实现公共利益”的色彩，因此无论是协议的无效，还是相对方违约，甚至客观条件导致的履行不能和履行艰难，都可以推导出“公共利益受损”，这也导致了行政优益权与民事合同部分规则相竞合的现实结果。通过前文的论述可以认可，行政优益权本身吸纳了民法上的情势变更规则。此外，行政协议相对方的违约行为也只能通过优益权的方式突破我国行政诉讼法框架。因此，笔者认为严格区分我国行政法上的优益权和民法中情势变更、不可抗力、违约等规则在实践中操作难度较大，我们更多应当关注的是如何实现行政协议的目的以及如何保护行政协议相对方的合法权益。换言之，只要行政优益权的行使可以在保护相对方合法利益不受损害的前提下，有助于实现行政协议的目标，我们无须严格区分优益权和各种民事规则。

因此，运用法经济学对以上两类优益权行使的事实进行分析可以认为，这两种缘由下的优益权对应的正是合同中的立约抗辩和履约抗辩。原因在于：《行政诉讼法》中规定行政机关可以主动变更、解除协议，相对方若认为其变更、解除行为违法，可向法院提起诉讼。在法院审理过程中，行政机关再以上述事实为由进行抗辩。下表对行政协议中的主要抗辩理由进行归纳。

表 5.3 行政协议中的抗辩理由及经济学分析

抗辩理由	导致抗辩的事实	经济学原理	解决方式
欺诈	行政协议相对人有意提供虚假信息	禁止虚假信息供给	提供虚假信息方承担责任
行政机关错误	相对方善意，行政机关存在错误	鼓励信息的有效提供、激励有效信息供给	存在履行的可能：继续履行；不存在履行的可能：赔偿补偿
履行不能	突发事件阻止履约	最优风险承担	以最小成本承担风险
履行艰难	突发事件对履行造成障碍	最优风险承担	以最小成本承担风险
相对方违约	行政协议相对方不积极履行的事实	社会效益最大化、资源重新分配	违约方承担责任

从法经济学角度分析，履行中的抗辩目的在于请求法院免除其协议义务，法院则根据效率原则以及合同的完备标准判断该抗辩理由是否成立。效率原则受到个体理性和交易成本两方面的影响。一般认为，协议双方自愿订立的协议应当得到履行，因为协议的履行将使当事人和社会均获得利益。但是，这是建立在合同条款完备并且履行中没有意外事件的基础之上的。① 在行政协议的履行过程中，尤其是履行期较长的公共服务、特许经营等协议，经济条件、法律等社会条件的变动是不可避免的。这些意外情形均可能导致行政协议的履行艰难甚至履行不能。因此，当出现行政协议履行艰难或根本不具有履行可能性时，法经济学通过对交易成本的分析，试图找到最符合效率原则的解决方式。从效率角度出发，认为实际履行有助于行政协议目的实现，且行政协议相对方合法利益不受损失时，就应当继续履行协议；反之，如果实际履行的成本大于其履行能带来的收益，则不应当继续履行协议，即行政优益权的行使（单方变更、

① 正如考特和尤伦在《法和经济学》一书中指出，“根据我们的经济学理论，完备合同应予以严格履行，而反对履行的抗辩应以所谓的合同不完备为依据。立约抗辩是以合同订立的情况和程序的不完备为依据的。履行抗辩是以合同中没有考虑到意外事故发生为依据的。所以法律承认的抗辩借口堪称合同形成过程中不完备或未预期到的意外事故，这些最好通过不履行承诺得到补救”。

解除协议）具有正当性和合理性，这就是法经济学中的“效率违约”的基本观点。这种对行政协议的解决方式无须对行政优益权和民事规则进行严格区分，更符合我国行政协议的现实特性。

三、行政协议的救济

民事合同中的救济可以分为实际履行和损害赔偿两大类。与之不同的是，根据我国《行政诉讼法》及司法解释规定，行政协议中的救济可以分为继续履行、损害赔偿、损害补偿三大类。[①] 这种救济方式的差异首先在于行政优益权的行使是否正当，即根据我国《国家赔偿法》，行政机关的合法行为造成损失的，须予以补偿；行政机关的违法行为造成损失的，须予以赔偿。具体到行政协议中，若行政优益权合法、正当行使，行政机关仍须对行政协议相对方的损失予以补偿；若该优益权行使违法，则承担赔偿责任。其次，针对公共服务性质的行政协议，法院出于公共服务持续性的原则考量，往往倾向于要求双方继续履行协议，并要求行政机关对相对方造成的损失予以补偿。

因此，法院若判决行政协议继续履行，则包含了以下两方面含义：第一，行政机关存在违约，行政协议相对方借助法院的力量要求对方继续履行原协议；第二，行政机关基于优益权对协议内容进行了修改，法院认为按照修改后的协议继续履行符合效率原则，判决双方继续履行新协议并要求行政机关对相对方造成的负担予以补偿。损害补偿有时会与实际履行相结合，如前文列举的实际履行中的第二种情形。此外，损害补偿还可适用于行政机关基于优益权合法、正当解除协议的情形。损害赔偿则针对行政机关违约、违法变更、解除行政协议的情形。此三种救济方式各有适用的情形和问题，但在行政协议中最具特殊性的是继续履行和损害补偿相结合的救济方式。

---

① 参见《行政协议司法解释》第 19 条、第 21 条、第 22 条等。

表 5.4　行政协议中的救济

行政机关违约	存在履约的可能：继续履行
	不存在履约的可能：赔偿
行政机关合法变更协议	继续履行＋相对方损失补偿
行政机关合法解除协议	协议解除＋相对方损失补偿

第二节　行政优益权的法经济学分析

从前文对我国优益权的梳理可看出，我国行政优益权的实际内涵早已突破了传统行政上的行政优益权理论。我国法院在不同案件具体审理中也采取不同的方式推导出行政优益权，有的将民法上的相对方违约与公共利益受损相结合，有的将民法上合同无效的概念与优益权相结合，还有的则直接将行政协议看作一种行政行为，从而推出行政优益权。[①] 当实际中的优益权已脱离传统理论上优益权的限定且与民事规则相竞合时，如何对不同种类的“行政优益权”进行理论上的明晰和界定，成为当前研究的重点和难点。以行政协议无效为例，当行政优益权与行政协议无效相竞合时，我们究竟应当选择行政行为无效论还是行政协议无效论？更进一步说，行政协议无效的标准应当为何？由于当前我国对行政协议无效的标准仍未形成共识且各方观点均有一定正当性，[②] 这种理论上的困难可通过法经济学对行政机关与行政相对方利益的分析衡量予以解决。下文将以法经济学对合同的效率原则为主线，在我国行政协议实际分类的基础上，结合具体的情形运用法经济学分析方法，分析我国不同行政协议中的“行政优

① 该部分在第二章已详细阐明，在此不予赘述。

② 有学者主张以“行政行为无效”和“合同无效”两套标准合并适用，先采取行政行为无效的方式再辅之以民事合同无效予以验证。相关论文参见王贵松：《行政协议无效的认定》，载《北京航空航天大学学报（社会科学版）》2018 年第 5 期；王敬波：《司法认定无效行政协议的标准》，载《中国法学》2019 年第 3 期。还有的学者主张审慎适用行政行为无效的判断标准。参见余凌云：《论行政协议无效》，载《政治与法律》2020 年第 11 期。

益权”的存在意义及内涵。

一、非风险型行政协议中的行政优益权

我国行政协议中最为重要的、占比最大的类别为征收补偿协议，这一类协议在实践中的应用最为广泛且相应的司法裁判也最为丰富，本小节将以征收补偿协议为例，分析其中的行政优益权价值内涵。结合我国司法裁判实际，可以认为征地补偿协议中行政机关的单方变更、解除行为主要可分为以下几种情形：第一，因补偿对象的错误解除协议；第二，因补偿金额的错误变更协议；第三，对具体补偿方式的变更。其中补偿对象、补偿金额的错误可能是被征收人造成的，如其采用欺诈手段提供虚假材料与行政机关签订协议，又或者可能是由行政机关一方的过失所导致的。具体补偿方式的变更，如由原约定宅基地安置改为开发建设安置一般出于上级行政机关政策变更。[①] 因此，非风险型行政协议变更、解除权的行使可能出于以下三方面因素：第一，行政协议相对方欺诈等行为；第二，行政机关的过失错误；第三，上级机关政策变更等外部因素。下面将分别对三种情形进行法经济学分析。

（一）行政协议相对方欺诈行为

从上文的代理博弈模型可看出，若一方当事人参与到行政协议中又对相应的“投资”进行了侵吞的话，将获得高于原本的收益。因此从一个理性人角度出发，采用欺诈的方式诱骗对方“投资”显然将获得更高的回报。然而，此情形下行政协议不存在合作剩余的基础性条件。具体而言，在行政协议签订的过程中，为达到行政协议的经济效益，双方当事人均有信息披露的义务，从而形

① 如前文列举的“童某某等诉贵州省铜仁市碧江区人民政府案”，（2017）最高法行申4587号；（2017）最高法行申4588号；（2017）最高法行申4589号；（2017）最高法行申4590号；（2017）最高法行申4591号；（2017）最高法行申4592号；（2017）最高法行申4593号；（2017）最高法行申4594号；（2017）最高法行申4595号。

成最优化的信息交换。若一方违反信息披露规则导致后续的履行障碍，其风险也应当由未完成信息披露一方所承担。

在“吴某明与荆州市荆州区人民政府案”[①]中，被告之一荆州区古城保护中心（原房屋征收与补偿办公室）与吴某明签订《房屋征收补偿协议》后，经由案外人异议发现吴某明并非案涉被征收房屋的所有权人，并因此作出了《撤销决定书》，载明解除原征收补偿协议。这种因征收补偿对象的错误导致的行政协议的撤销（解除）虽然在民法上具有不同的意义，但是从当前《行政诉讼法》相关条款出发，应当认为均属于“单方变更、解除行政协议”的范畴，因此本文便不予严格区分。[②]本案中，吴某明、吴某华在向征收部门提交征迁资料时，故意隐瞒了其房屋已被强制执行的事实，且并没有对征收部门说明该房屋可能存在的产权纠纷问题，这种信息的不对称性导致行政机关误认为吴某明等人为适格征收补偿对象，从而错误地与之签订了《征收补偿协议》。吴某明、吴某华等人对客观现实情况的扭曲导致行政机关签订协议的决策信息基础具有根本性错误，因此从根本上说，该征收补偿协议本身不存在合作剩余价值，此种情形下，行政机关的单方解除权应是一种“消极”的权力，即该权力的行使主要出于“防守”目的，且该权力的行使也并没有影响到行政协议相对方的真正利益。因为行政协议相对方本身就不具有被征收补偿的可能，也就不具有相应获得补偿的利益。由于吴某明等人未尽到信息披露义务，因此导致的协议履行障碍则由吴某明一方承担，这也就解释了行政机关在解除（撤销）该行政协议时，虽然是单方变更、解除了协议，但是并不对其负有补偿或赔偿义务。

除补偿对象错误外，补偿金额的错误若由于行政协议相对方欺诈而造成，

① 吴某明等与荆州市荆州区人民政府撤销行政征收补偿协议、行政复议上诉案，湖北省荆州市中级人民法院行政判决书（2020）鄂10行终25号。相似案件参见黄某某与梅州市梅江区土地房屋征收安置中心房屋拆迁管理（拆迁）一案，广东省梅州市中级人民法院行政判决书（2020）粤14行终88号。

② 一般认为合同的解除主要是基于“事前”的意愿，如最为典型的约定解除；而合同的撤销是针对立约抗辩和履约抗辩等“事后”的单方面意愿。

也同样适用上述原理，如“张某、赣州新能源汽车科技城管理处案”[①]中张某因谎报房屋开基建设时间导致其获得了更多的拆迁补偿款。依据信息披露原则，该部分多获得的补偿款不属于其应得利益，且其未尽到完整的信息披露义务，此种情形下行政机关依然有权针对多给予的补偿款对协议内容进行变更，且这种变更行政协议的行为无须对相对方承担任何的补偿、赔偿责任。同样地，这种情形下的优益权一样具有“消极”和“防守”的特征。[②]

表 5.5　欺诈情形下征收补偿协议双方利益的变化

	行政机关一方利益	行政协议相对方利益
变更、解除前	−1.0	1.0
变更、解除后	−1.0+1.0=0	1.0−1.0=0

（二）行政机关单方过错或双方共同错误

除一方当事人主观故意造成信息的不对称外，在信息披露过程中还有可能发生信息传递的失误，即一方当事人误解了对方的真实意思表示，并基于这种错误的理解订立合同。此外，信息传递失误还有可能是双方共同的错误，在这种共同误解中虽然双方意思表示均是真实的，但是彼此的理解是错误的，这两种情形的信息传递失误从法经济学角度分析存在差异。若双方的意思表示相互存在错误，即一方错误地表述了自己的思想而另一方也错误地理解，那么合同本身的合作剩余就不存在，这也与上文中欺诈行为诱骗对方签约投资具有一致性，法院也认可这种情形下合同的撤销。具体到征收补偿协议中，相较于征收部门的主动角色，被征收人更具被动性，无论是征收行为的作出、征收面积的确定还是最后的补偿金额，被征收人并不享有过多“讨价还价”的余地，因此征收补偿中的信息传递错误更多集中于行政机关或为行政机关提供信息一方的失误。

① 江西省高级人民法院行政裁定书，（2020）赣行申 372 号。

② 参见表 5.5.

法经济学对这种情形的分析思路为：效率要求人们应当更加积极地获取信息，合同应否强制履行的标准在于综合衡量回报发现和实现信息控制权的结合，若合同有值得回报的发现和实现信息控制权的结合，则认为应当继续履行。其中信息的获得方式可分为偶然获得和投资获得两种。若一方是通过花费时间和金钱而发现信息，从而实现信息和控制权增进的话，那么这样的协议应当认为可以继续履行；反之则不予继续履行。[①] 具体到征收补偿协议中，被征收人显然不是通过自己的努力而获取信息与行政机关签订协议的，反之，可以认为被征收人的信息属于“偶然获得”的，因此从回报发现的角度出发，继续履行该协议并不会造成效率的增进。因而在征收补偿协议中存在补偿款错误的情形，由于继续履行协议也并不会实现信息和控制权的增进，则该协议应当准予变更或解除。这个结论事实上与“王某某案”[②] 中法院的裁判一致。那么现在我们需要讨论的是，为何最高院在“唐某某案”[③] 中认为行政机关不能对协议进行变更呢？笔者认为，该原因在于唐某某案中行政机关错误的补偿款最终可由案外人承担，因此在行政机关与被征收人的二者关系间，行政机关的补偿款使得被征收人获利，且行政机关并未因多付补偿款而受损，因此若将利益衡量限定在行政机关与被征收人之间来看，二者的利益总量是增进的。

对“王某某案”中的优益权进行分析，我们可以发现此情形下的优益权也并没有促成总体效率的增进，而与上文中欺诈情形下的优益权一样，具有“消极”的防守性质。

（三）因外部因素导致的补偿方式变更

补偿方式的变化更多地是由于外界环境发生了改变，正如上一章对情势变更的分析，行政优益权的客观条件之一就是情势发生了变更。对于情势变更的

---

① 参见[美]罗伯特·考特、托马斯·尤伦:《法和经济学》(第5版)，史晋川、董雪兵等译，格致出版社、上海三联书店，2010年版，第273页。

② 北京市第一中级人民法院行政判决书，(2020)京01行终619号。

③ 最高人民法院行政裁定书，(2018)最高法行申8980号。

法经济学分析，一般认为无论是因情势之变化导致的履行不能还是履行艰难，都应当以最优风险分配原则进行处理，效率要求把风险配置给能够以最低成本承担它的一方，而一个人降低和分散风险的能力就决定了他承担风险的成本。因此，根据效率原则，如果一个突发事件使得履行变得不可能，那么应该把责任分配给能以最低成本降低或分散风险的一方当事人。[①]

“何某与贵州省铜仁市碧江区人民政府案”中，[②]由于地区建制的变化导致原被告所签订的征收补偿协议已不存在继续履行的可能，即原来约定的宅基地安置方式已不符合新设铜仁市人民政府的城市整体规划。最高人民法院认可了在此情形下的单方变更、解除权，同时指出当公共利益与私人利益发生矛盾时，应优先考虑公共利益的实现，但也应当承认个人利益的实现和存在。因此，法院判决该变更行为出于公共利益需要，符合合法性要求，但也应对相对人进行补偿。根据上文中的“最优风险分配原则”我们可以认为，行政机关一方相较被征收人一方而言，能够以更低的成本或更小的损失承担其中的风险。具体来说，被征收人一方若根据原协议约定在宅基地范围内进行建设，那么其购买材料、雇用人工的支出显然是不能够通过任何方式降低的，同时被征收方也不能够以更多的安置方式分散自己的风险。反之，行政机关一方主张由共同建设的安置方式替代宅基地安置方式，则行政机关比被征收方更易提供可替代的安置方式。故行政机关是相较于被征收方能以更低成本承担原安置方式不能实现的风险，也因此应对被征收方的损失予以补偿。

下面我们再来分析此种情形下双方利益的变化。征收补偿协议变更前后，被征收人都因其房屋的被征收而获得安置，只是具体安置方式不同。而对于被征收人因安置方式的变更所造成的损失，即被征收人因未能按原计划建房导致过渡期延长的损失，征收机关对其予以补偿。因此，从被征收人一方的利益来

---

① 参见［美］罗伯特·考特、托马斯·尤伦：《法和经济学》（第5版），史晋川、董雪兵等译，格致出版社、上海三联书店，2010年版，第266页。

② 最高人民法院行政裁定书，（2017）最高法行申4589号。

看，其利益在变更前后并没有发生变化。另从缔约行政机关一方看，协议变更前，行政机关对被征收人进行宅基地方式安置，协议变更后采取共同建设方式安置并对其受损予以补偿，虽原协议约定的宅基地安置土地最终通过挂牌拍卖的方式进行出让，但这并非缔约行政机关（碧江区人民政府）的行为，而是上级机关（铜仁市人民政府）的行为，此部分土地出让金也不与碧江区人民政府发生直接关系。故缔约行政机关在变更前后利益没有发生增进，反而可以认为因其对被征收人进行了补偿而带有一定的减损性。

（四）小结

通过上文对征收补偿协议三种情形的变更、解除的分析可以认为，无论是征收补偿对象一方导致的错误、征收机关一方的错误，还是不归于双方错误所导致的变更、解除，行政协议变更前后的双方利益并未得到增进。换言之，行政机关在征收补偿协议中的优益权行使不能够使其利益增进，而是更多出于消极的防守目的而行使。从这个角度看，以征收补偿协议为代表的非风险型行政协议中，优益权的最终效果均为消极的。

二、风险型行政协议中的行政优益权

风险型行政协议中的行政优益权是否与上文中的非风险型行政协议具有相同的“消极”意义，我们可以通过具体的案件进行分析。

（一）风险型行政协议中的优益权适用

在“大连普湾经济区管理委员会与大连益普燃气发展有限公司案”[①] 中，因区划调整，大连普湾管委会主张解除全部《燃气投资框架协议》，但法院经审理

① 一审大连市中级人民法院行政判决书，（2017）辽 02 行初 136 号，二审（2018）辽行终 1492 号，再审（2019）最高法行申 5397 号，再审（2020）辽行再 18 号。

认为，虽然因区划调整导致《框架协议》中解除条件出现，普湾经济区管委会对部分区域已不再具有管辖权，从形式上看，普湾经济区管委会解除《框架协议》似乎符合《框架协议》约定的条件，但本案涉及的区划调整区域并非《框架协议》中涉及的全部区域，尚有一部分区域仍然属于普湾经济区管委会管辖。因此普湾经济区管委会不能简单地主张解除全部《框架协议》，这将导致前期大量基础设施投资的浪费并影响整个区域的民生。据此，法院认为普湾经济区管委会解除行为不当，应当依据区域变化对《框架协议》地域约定进行变更。从此案可以看出，在风险型行政协议中法院显然对行政优益权的行使采取更加审慎的态度。若对上文中的案情进行部分改编，普湾经济区管委会采用的是变更协议约定地域范围的方式而非解除全部《框架协议》，并对相对方的损失予以补偿，则法院应支持其变更决定。

在“湖南恒凯环保公司案”[①]中，湖南恒凯环保公司与衡阳市生态环境局签订协议，由恒凯公司负责对部分路段进行机动车尾气检测。后因《大气污染防治法》的修改，该路段其他检测站也可对尾气进行检测，法院认为这符合情势变更的情形，恒凯公司可以要求解除协议。法院指出，双方签订的协议并非BOT协议，因此不能认为行政机关在其中存在违约行为。但法院同时指出，应由生态环境局对恒凯公司的损失予以部分补偿。笔者认为，法院在裁判文书中欠缺这种不可归咎于行政机关的履行障碍仍需对行政协议相对人进行补偿的论述，未能够从逻辑上说明该情形是否存在优益权及其补偿的依据。

（二）优益权的“进取性”

一般认为，行政优益权是行政机关出于维护公共利益而享有的特权，但由于公共利益这种不确定法律概念的泛化，导致我们在现实中对优益权的认定和适用发生了偏差。传统法学理论对行政优益权解释为“行政机关基于维护公共利益而享有的特权”。但是此处的“维护公共利益”可以作两种不同理解：一是

① 湖南省衡阳市中级人民法院行政判决书，（2020）湘04行终53号。

为了减少或者避免公共利益的减损；二是为了增进公共利益。前文以征收补偿协议为例，通过对该类行政协议的优益权分析可以认为，我国公权力型行政协议中行政优益权带有“消极防守”的特质，即该类型行政协议中的优益权是为了减少或者避免公共利益的减损。但通过“益普燃气公司案”和“湖南恒凯环保公司案”可看出，法院对此类型的行政协议中优益权的考量似乎更倾向于变更、解除的行为是否可以增进行政效率，若可以则单方变更行为合法，并且行政机关对相对方的损失予以补偿。基于此，笔者认为在风险型行政协议中，优益权（单方变更、解除权）的行使目的在于增进公共利益。当行政机关变更、解除协议的行为可以客观上促进社会整体利益的增进时，法院一般认可行政机关有权变更协议，同时还判决行政机关对加重相对方负担的部分予以补偿。

仍以上文的“益普燃气公司案”为例，当行政区划发生变更时，行政机关有两种选择：一是通过调整协议内区划的范围对案涉协议继续履行；二是对案涉协议予以解除。若对案涉协议予以解除的话，无疑将导致案涉地区煤气资源的停滞，且从行政协议相对方角度看，其之前的投资将处于亏损状态。若通过调整协议内区划范围继续履行协议，将不影响案涉地区煤气资源的提供，且行政协议相对方的前期投资有效，并可继续获得回报。普湾经济区管委会对协议约定的地域范围进行变更，则属于在区域划分已改变的情形下，对自己管辖范围内燃气供应的最大限度利用。因此，从效率角度看，该种情形下行政机关选择变更协议的方式较之解除协议更具效率，且从客观上仍可增进利益，符合经济学的效率要求。

再以“湖南恒凯环保公司案”为例，恒凯公司对案涉路段进行机动车尾气检测而获得的经济利益受到了该路段其他检测站的影响，法院以该协议并非BOT为由认为行政机关不存在违约行为，但是这并不能解释为何法院在认可行政机关无过错的前提下仍判决行政机关须对相对人进行补偿。笔者认为，该情形属于事实上的“效率违约”。行政机关与恒凯公司签订协议后出现更多的检测站可以对机动车尾气进行检测，更多的检测站意味着在大气检测方面效率的提升，同路段多家检测站的共同运营显然比一家检测站更全面、更精确。因此，对于行政机关一方来说，多家检测站的运营使其合同的目的（大气检测）较之之前仅恒凯公司一家检测站更具效率。另从恒凯公司一方看，显然恒凯公司基于协议的合法利益受到了其他检测站的影响，因此恒凯公司应当就其损害获得救济。须特别指出，这里强调的是行政协议相对人获得救济这个事实，并没有讨论法院判决的补偿比例是否适宜。

（三）风险型行政协议中优益权的法经济学分析

从司法裁判和实体法规定来看，行政优益权的合法性分析具体分为程序正当、职权法定等外部性合法要件和“必要性”、符合“诚实信用原则”和“比例原则”的内部性合法要件。其中外部性合法要件较为直观、易于判断，因此问题的关键在于判断行政优益权的必要性。

一般认为，行政优益权是行政机关出于维护公共利益而享有的特权，但由于公共利益这种不确定法律概念的泛化，导致我们在现实中对优益权的认定和适用发生了偏差。传统法学理论对行政优益权解释为“行政机关出于维护公共利益而享有的特权”。但是此处的“维护”可以做两种不同理解：一是为了减少或者避免公共利益的减损；二是为了增进公共利益。前文以征收补偿协议为例，通过对该类行政协议的优益权分析可以认为，我国公权力型（非风险型）行政协议中行政优益权带有“消极防守”的特质，即该类型行政协议中的优益权是为了减少或者避免公共利益的减损。但通过“益普燃气公司案”和“湖南恒凯环保公司案”中进行分析，法院对此类型的行政协议中优益权的考量似乎更倾向于变更、解除的行为是否可以促进行政协议目的实现，进一步而言可以认为该变更、解除行为是否可以客观上增进公共利益。若可以，则单方变更行为合法，并且行政机关对相对方的损失予以补偿。

表 5.6　风险型协议中优益权情形下双方利益的变化

<table>
<tr><td rowspan="4">私主体</td><td colspan="4">行政机关</td></tr>
<tr><td></td><td>履约（成本为 0）</td><td>履约（成本为 1.5）</td><td>优益权变更并补偿损失</td></tr>
<tr><td>投资</td><td>0.5
0.5</td><td>−1.0
0.5</td><td>公共利益增进
0.5</td></tr>
<tr><td>不投资</td><td>0
0</td><td>0
0</td><td>0
0</td></tr>
</table>

基于此，笔者认为在风险型行政协议中，优益权（单方变更、解除权）的行使目的在于增进公共利益。当行政机关变更、解除协议的行为可以客观上促进社会整体利益的增进时，法院一般认可行政机关有权变更协议，同时还判决行政机关对加重相对方负担的部分予以补偿。所有的法律关系都是以一定的经济关系为基础，并且以有效利用资源为目的，以期最大限度增加社会财富。从这个角度来说，法律是促进资源有效配置的一种手段。因此，从法经济学角度分析，效率违约最大的合理性就在于当违约方从违约中获得的利益超过其履行所带来的利益，那么继续履行原合同对他来说就是一种损失，而违反原合同则实现了收益最大化。从反面角度思考，如果单纯秉持原协议的内容要求实际履行，那么就造成了社会资源的浪费。

第三节　我国行政优益权的实际价值

行政优益权在我国行政协议实践中发挥着不可或缺的作用，优益权的实际作用并不因行政优益权理论的欠缺而受到影响。结合上文我国法院在具体案例中对行政优益权的认定和适用，可以将行政优益权在行政协议中起到的作用归纳为以下三个方面。

一、作为行政协议的纠错机制

行政机关在与私主体签订行政协议时，可能基于当时的现实客观条件的限制对协议内容存在错误认知。这种错误不仅表现为行政协议缔约双方限于当时客观条件而产生的认知错误、双方缔约时对协议内容的重大误解，还包括行政协议相对方利用欺诈等方式使行政协议缔约机关对协议标的等关键要素错误认定，从而与其签订行政协议。

如在“张某、赣州新能源汽车科技城管理处案”[①]中，张某与赣州新能源汽车科技城管理处（下文简称“新能源汽车管理处”）签订《房屋拆迁补偿协议》，约定了拆迁补偿、补助及奖励款等内容。后新能源汽车管理处以张某房屋合法建筑面积认定错误，导致其应得拆迁补偿款计算错误为由单方面变更了协议内容，并要求张某退还多得的房屋拆迁补偿款。该案经江西省赣州市章贡区人民法院初审、江西省赣州市中级人民法院二审、江西省高级人民法院再审，认定张某在与新能源汽车管理处签订《房屋拆迁补偿协议》时，谎报了房屋开基建设的时间，而根据《赣州新能源汽车科技城职业教育基地及周边地块项目征收土地补偿安置方案》（以下简称“86号文”）第四条规定，张某房屋为2016年3月25日至2017年2月19日之间新开基、加层的房屋，合法性征收范围为“持合法批建手续且在有效期内新开基的，在批建范围内、层数不超过三层，按实际建筑面积认定合法建筑面积并予以补偿安置，超过批建范围或者层数超过三层的，按违法建筑处置”。因此，张某与新能源汽车管理处签订的《房屋拆迁补偿协议》中有关征收补偿的房屋面积部分存在错误，相应的补偿款同样存在错误。据此法院认为，《房屋拆迁补偿协议》载明的按实际占地面积和建筑面积计算合法建筑面积，与“86号文”规定不符。本案被申请人新能源汽车管理处在知晓错误事实后，向张某发出了《关于限期退还职业教育基地及周边地块项目

① 江西省高级人民法院行政裁定书，（2020）赣行申372号。

应退房屋拆迁款的通知》《赣州新能源汽车科技城关于变更部分条款的通知》，应当认定为其依法履行行政协议变更程序，变更协议的行为合法有效。

同样，上文“黄某某与梅州市梅江区土地房屋征收安置中心案”[①]由于黄某某与他人串通，虚构被征收房屋事实，从而使梅江区土地房屋征收安置中心错误地与其缔结《征收补偿安置协议书》，法院同样认可了梅江区土地房屋征收安置中心为纠正征收补偿对象的错误，单方解除补偿协议的行为。

综上，行政优益权在我国行政协议实践中成了行政机关的一种纠错机制，行政机关以优益权为由单方变更、解除案涉行政协议，从而纠正最初订立协议时产生的补偿对象、补偿金额等关键要素的错误。

二、作为行政诉讼法制度设计的补充措施

立法者将行政协议纳入《行政诉讼法》受案范围，不仅出于维护国家利益和社会公共利益，同时还强调保护行政协议相对方的利益。对行政协议私主体利益的保护也符合我国《行政诉讼法》的立法本义，即通过行政诉讼活动监督行政机关合法行使职权。然而现实问题在于，行政协议本身的双重性不同于行政行为的单方性，缔约行政机关作为协议的一方当事人，其自身利益（即公共利益）有可能在协议中受到损害，限于我国《行政诉讼法》的立法目的和相关条款，行政机关显然无法作为原告主动提起行政诉讼。基于此，行政机关出于维护国家利益和社会公共利益的需要对协议进行变更和解除，可以看作是对我国现行行政诉讼“民告官”制度设计的一种特别补充措施。在行政协议中，行政机关一方的利益（即公共利益）和私主体一方的利益存在一种博弈，而此二者的博弈在不同的案件中，也有不同的表现形式。

在“唐某某与贵州省关岭布依族苗族自治县人民政府房屋征收补偿案”[②]中，最高人民法院认为，虽然对唐某某经营性用房面积认定确有错误，关岭县

① 广东省梅州市中级人民法院行政判决书，（2020）粤 14 行终 88 号。

② 最高人民法院行政裁定书，（2018）最高法行申 8980 号。

政府多支付一部分补偿款，但是鉴于面积认定错误的事实与唐某某本人无关且根据《国有土地上房屋征收与补偿条例》规定，房地产价格评估机构报告存在重大错误导致损失的，应由该机构承担责任，因此不存在国家利益和公共利益受到损害的情形。据此，最高人民法院否认了此案行政机关对案涉协议的单方变更权。与此同时最高人民法院还指出，当行政相对人存在欺诈、胁迫等行为或者权利义务存在极度无正当理由的显失公平而损害国家利益和社会公共利益等情形时，应当赋予行政机关非因行政优益权而在上述情形中对案涉协议的变更权。

但是，同样是行政相对方主观善意、国家工作人员失误导致行政协议内容错误的案件，北京市第一中级人民法院于2020年二审的“王某某与北京市石景山区人民政府房屋征收办公室案”①中，王某某被征收房屋建筑面积为10.62平方米，平房补助费应为4 248元。但是在双方订立的《征收补偿协议》中记载的该项补助费用为492 512.00元（即比应得补助费多488 264元），导致《征收补偿协议》结算王某某应补缴购房款仅为460 617.10元，比实际应补缴额948 881.10元少了488 264元。区征收办在发现上述错误后，与王某某积极协商但双方未能达成一致意见，据此区征收办委托区征收中心向王某某作出《更正通知书》对《征收补偿协议》中约定过高的平房补助费金额进行了更正，更正后的平房补助费金额符合《征收补偿方案》规定的标准。北京市第一中级人民法院经审理认为，案涉《征收补偿协议》中双方明确约定《房屋征收决定》和《征收补偿方案》是征收补偿的依据。王某某被征收房屋面积10.62平方米获得补偿款492 512元明显高于《征收补偿方案》中的标准，该协议显失公平且严重损害了公共利益。因此，区征收中心有权对王某某所签《征收补偿协议》作出变更，本案中该《更正通知书》的作出有事实和法律依据且程序合法。同时，法院指出本案情况与最高院（2018）最高法行申8980号（即上文中的“唐某某案”）案件情况不同，唐某某案不能作为本案的审理依据。

① 北京市第一中级人民法院行政判决书，（2020）京01行终619号。

对比分析“唐某某案”与“王某某案”，唐某某和王某某在签订协议时均主观不存在恶意，且协议内容的错误不可归责于行政协议相对人一方，但是北京市第一中级人民法院并未依照“唐某某案”作出判决。究其原因，除了唐某某案中存在行政机关提供的证据证明力不足的问题之外，更多似乎在于对“公共利益”的界定以及公共利益与个人利益之间的博弈。上文列举的两个案件所涉行政协议均为《征收补偿协议》，一般而言，该补偿义务由缔约行政机关向被征收人直接负担，因此无论是补偿对象错误还是补偿金额的错误，都直接反映在缔约行政机关的“利益”上。换言之，若缔约行政机关错误地负担了或者多付了补偿义务，法院在认定行政优益权行使条件时，往往不会用过多笔墨论述为何“公共利益受到损害”，而将行政机关多付的补偿义务直接看作“公共利益受损”。然而在“唐某某案”中，最高人民法院特别说明，即使协议双方协商不成，根据我国《国有土地上房屋征收与补偿条例》相关规定，对唐某某多付的补偿金应由房屋价格评估机构负担，而非行政机关负担，因而排除了公共利益受损的潜在性。

此外，北京市第一中级人民法院在“王某某案”判决书中指出，行政优益权的行使须遵循以下原则：[①]

> 一、出于维护国家利益或社会公共利益的需要，且应当在穷尽其他方法的情况下使用，如果行政机关能够通过与行政相对人协商或其他方法使行政协议恢复到正常的履行状态，则没有必要行使行政优益权；二、诚实信用原则，该原则在行政协议中主要是指信赖保护原则，指的是非因法定事由并经法定程序，行政机关不得撤销、变更已经生效的行政决定；三、比例原则，即行政机关在行使行政优益权时所采

---

① 行政优益权的行使原则最早出现在最高人民法院作出的“湖北草本工房饮料有限公司诉荆州经济技术开发区管理委员会案”行政裁定书之中，参见（2017）最高法行申3564号。根据该案裁定书，行政优益权的适用原则为：第一，为了防止或除去对公共利益的重大危害；第二，作出单方调整或单方解除时，应当对公共利益的具体情形作出释明；第三，单方调整须符合比例原则；第四，对相对人因此造成的损失依法或依约进行补偿。

取的措施和手段应为法律所必需，并且应当采用对行政相对人权益损害最小的方式。

其中第三条原则比例原则的适用，正是公共利益与个人利益博弈的集中体现。根据比例原则，行政机关行使优益权的措施和手段应符合法律要求，具体表现为单方面的变更协议内容或解除协议，同时该措施和手段应对行政相对人的权益损害最小。具体到“王某某案”，王某某被征收的房屋属于其合法享有权利的私有住宅房屋，且其按照原协议约定积极缴纳了购房款，因此王某某本人在该案中积极履约且并没有主观故意。但由于当时协议内容中对征收补助费的填写、计算错误，导致王某某所获单位征收补助费高于文件标准十倍有余，故区征收中心作出《更正通知书》，要求王某某按照《征收补偿方案》补齐购房款，从而双方继续履行《房屋征收协议》。王某某固然付出了更多的购房款，但是其多付的购房款事实上只是对约定过高的平房补助费金额进行了更正，除此之外并未变更《征收补偿协议》的其他内容。因此，从这个角度看，王某某本人的合法权益并没有受到损害，而区征收中心作出变更协议的行为也符合比例原则的要求。

三、敦促相对方积极履约的手段

除了上文中优益权起到的纠错机制和对行政诉讼的补充措施作用之外，行政优益权还承担了行政机关监督、督促行政相对人积极履约的作用。行政优益权的这项功能可看作对我国行政诉讼机制补充作用的延伸。因行政机关无法作为原告主动针对行政协议提起诉讼，行政协议相对方在行政协议履行中除自主履约外，行政机关可以通过优益权要求其积极履行协议约定的义务。行政优益权在我国行政协议中具体表现为对协议的监督权、单方变更权、单方解除权。当行政协议相对方未按照协议约定履行义务时，缔约行政机关往往先要求其积极履行义务，即行使优益权中的监督权；协议相对方若仍不依约履行义务，缔约行政机关会以行政协议相对方违约导致行政协议目的无法实现，进而损害公共利益为由，行使单方解除权。

在“马某某与林甸县民政局案”[①]中，马某某与林甸县民政局签订《协议书》约定其对林甸殡仪馆进行运营。但在该协议履行过程中，马某某多次违法违规，如未按时为殡仪馆工作人员缴纳社会保险，甚至在经营殡仪馆期间，因敲诈勒索被判处刑罚。基于以上事实，林甸县民政局以马某某违反签订合同的根本目的为由，作出了《解除合同通知书》。马某某对解除协议行为理由不服，遂向法院提起诉讼。本案一审法院黑龙江省大庆市让胡路区人民法院在判决书中指出：[②]

> 行政合同有别于普通民事合同之处在于行政机关享有行政优益权……行政机关单方变更或解除合同权的实现要以维护公共利益为目的，保护行政管理的实现或者基于情势变更之需要为前提。就本案而言，原告是林甸殡仪馆的实际经营者，殡仪馆的一切日常工作由其全权负责，被告作为上级行政主管单位不能完全有效地履行指导、监督、管理的职责，切实维护公共利益，实现行政管理的目的……为维护公共利益、保障行政管理目的的实现，本案被告单方解除合同的行为合法。

行政机关要求行政协议相对方积极履约的作用主要可从以下几个方面分析。

第一，行政协议的目的。众所周知，行政机关与私主体签订行政协议的目的在于提供公共服务、实现公共管理职能。行政协议的相对方纵然有获得经济利益、政策倾斜等方面的考量，但从缔约行政机关一方观察，实现最后公共服务目的和行政管理职能才是行政协议的根本所在。基于此，当面对行政协议相对方不积极履约或存在违约情形时，行政机关有责任提醒、敦促行政协议相对方按照协议约定内容继续履行，实现协议的最终目的。

第二，行政协议的长期性特征。一般而言，以公共服务为目的的行政协议往往履约时间较长，因此在协议履行的过程中存在更多不确定性，如行政机关

---

① 黑龙江省大庆市中级人民法院行政判决书，（2019）黑 06 行终 34 号。

② 黑龙江省大庆市让胡路区人民法院行政判决书，（2018）黑 0604 行初 42 号。

一方的人员变动、政策变化、行政协议相对方经营能力以及其他协议外部环境的变化。当出现私主体一方经营能力等方面的变化时，为保证行政协议的稳定性和长期性，行政机关应有权要求协议相对方积极履约；当行政协议相对方确实无法按照原协议内容继续履行时，则应当允许行政机关行使优益权，单方面变更、解除行政协议。

第三，保证公共服务的持续性。公共服务的持续性是公权力持续与不可让渡的具体表现。行政机关与私主体签订协议共同为社会公众提供公共服务，并不意味着提供公共服务的权责关系因此从公权力机关转移到行政协议相对方身上。相反，行政协议只是行政机关管理公共事务的一种手段。有鉴于此，保证公共服务的持续性、稳定性仍是缔约行政机关一方的责任。因此，出于保证公共服务持续性的考量，行政机关有权也有义务督促行政协议相对方积极履约，共同完成协议的公共服务、管理目的。

四、对我国行政协议“优益权”的反思

行政优益权在我国是一种极为特殊的存在，这种“权力”从未出现在我国法律规定之中，但往往被行政法学者认为是《行政诉讼法》《最高人民法院关于审理行政协议案件若干问题的规定》中“行政机关单方变更、解除行政协议”的依据，也在法院裁判文书中被反复引用。通过第四章对我国行政优益权的历史梳理可发现，虽然行政优益权在我国由来已久，但仍带有“拿来主义”的印记，缺乏结合我国实际的具体阐述和分析，甚至有学者提出我国的行政优益权立论缺失。[①] 因此，对我国行政优益权的反思须从我国实际出发，结合司法裁判中的具体案例，分析行政机关作出单方变更、解除行政协议行为的缘由，而法院在不同案件中对这种变更、解除权的性质认定和理由是否与传统行政优益

① 参见李颖轶：《论法国行政合同优益权的成因》，载《复旦学报（社会科学版）》2015 年第 6 期；严益州：《论行政合同上的情势变更——基于控权论立场》，载《中外法学》2019 年第 6 期。

权理论存在差异亦需要考量。

从前文的论述可看出，我国行政优益权极具特殊性，虽然其未明确体现在法律层面的具体规定中，但法院在实际审理过程中常常以该理论作为判断的依据。此外，行政优益权还承担了行政机关突破我国行政诉讼框架，获得“救济”的功能。须指出的是，行政优益权理论源自法国，属于我国的舶来品，其在结合我国实践基础上被赋予了新的内涵和特色。因此，我们仍有必要从法国行政法出发，探讨法国语境下行政优益权的内涵，以及与行政优益权密切相关的概念，从而进一步明确行政优益权理论在我国本土的改造。

（一）行政优益权与相关概念辨析

根据法国行政法通说，行政优益权的行使须以公益为基础，其中单方变更权、解除权的行使是缔约行政机关基于行政协议内部契约关系而作出的行为，须有行政协议中的授权。这种授权既可以明确订立在协议中，又可以“默示条款”的方式存在于行政协议之中，即从行政协议的目的中推演而出。[①] 此外，优益权对行政协议的调整不能变更协议的重要基本框架，否则就失去了“调整”的本义。可以说，法国行政协议是基于“公共服务持续原则”“公共服务组织权不可让渡原则”“公共服务适应性原则”三大原则而成立，因此当行政协议已无法符合上述原则的要求时，行政机关就自然享有调整协议内容的权力，使行政协议符合“依法行政”的要求。[②]

除行政优益权之外，法国行政法还吸纳了法国民法上的“王之行为”概念，并结合行政协议的特征进行了进一步改造。“王之行为”是指公权力机关（王）因其行政权的作出使行政协议相对方负担加重，行政机关应当对此全面补偿。具体到行政协议中，“王之行为”包括缔约行政机关基于契约关系之外的行政

① 参见吴秦雯：《行政契约之效率与履行——以法国法制为中心》，“台湾政治大学”法律学研究所硕士论文，2001 年 7 月。

② 参见许宗力：《行政契约法概要》，载翁月生主编：《行政程序法之研究》1990 年 12 月，第 312–313 页。

职权而作出的行政行为。此种对“王之行为”的界定是根据法国行政法院判例而来，属于最为狭义的定义。由于“王之行为”属于一种高权行为，因此根据“契约财务平衡原则”和“公法人无过失缔约责任”，其给行政协议相对方造成的履行艰难，若发生履行成本的增加，应当予以完全补偿；若导致行政协议无法履行而相对方受到损失，行政机关应对其所受损失予以完全补偿。[①]“王之行为”的范围有狭义和广义之分。最为狭义的“王之行为”是缔约行政机关基于契约关系之外的行政职权而作出的行政行为，最为广义的“王之行为”是行政机关利用高权手段所作的一切合法行为。根据法国行政法院的判决可见，最为广义的“王之行为”显然过于宽泛，而狭义的概念在实践中难以判断何种行为是基于协议、何种行为是基于行政职权，因此采取较为折中的认定方式。[②]

“王之行为”和行政优益权虽均为行政机关在行政协议履行中作出的行为，但是法国仍对此二者在理论上进行了区分。首先，在行政协议中缔约行政机关同时具有“协议当事人”和“王”的身份，因此行政机关以其“协议当事人”身份作出的行为应当认为属于行政优益权的范畴；以“王”的身份所作行为属于“王之行为”的范畴。其次，“王之行为”的要件为可归责于缔约行政机关的合法行政行为，而行政优益权的要件为“公共利益”；第三，“王之行为”和行政优益权均需要对行政协议相对方予以全部补偿，但是其补偿背后的原理不同。行政优益权是行政机关基于公共利益而作出的行为，因此其目的在于维护公共利益、实现公共服务的稳定性和持续性，对行政协议相对方的补偿仍基于“财务平衡原则”。换言之，既然行政机关以实现其行政管理、公共服务目的而增加了当事人的负担，则应由行政机关一方承担这部分责任。“王之行为”的全部补偿义务则是出于行政机关的无过失缔约责任，即行政机关的行为破坏了“公平负担原则”，任何人因国家机关的行为而比其他人承受了更多的成本或者损失

① 参见张惠东:《法国行政契约之履行——比较法国行政契约法》,《行政程序法之体系变化》研讨会会议资料，2011 年 5 月。

② 参见张惠东:《法国行政契约之履行——比较法国行政契约法》,《行政程序法之体系变化》研讨会会议资料，2011 年 5 月。

时，可向国家请求予以补偿，这与国家责任中的“特别牺牲”相似。

此外，第四章针对法国私法合同履行艰难的情形进行了阐述，法国普通法院强调契约严守的理念而反对情势变更规则的存在。与此完全不同的是，法国行政法针对行政协议因外部环境的剧烈变动而造成履行困难的情形，发展出了“不可预见理论”。据此，行政协议履行中因出现不可归责于缔约行政机关的客观情势巨大变化，导致协议相对方按照原协议内容继续履行将承担巨大损失时，为保证公共服务的持续性，应继续履行该协议并由行政机关部分补偿协议相对方损失。①

表 5.7　行政优益权、王之行为、不可预见理论的总结

	行政优益权	王之行为	不可预见
事由	缔约行政机关基于协议关系所作行为	缔约行政机关基于行政职权所作行为	非缔约机关所作行为等外部事由
理论基础	财务平衡原则	公平负担原则	风险共担
补偿责任	全部补偿	全部补偿	部分补偿

（二）我国行政优益权的内涵与边界

前文已对我国行政优益权的现实作用和法院裁判思路进行了梳理，结合法国行政法上的行政优益权、王之行为和不可预见，下文将对我国优益权的内涵及边界进一步阐述。

首先，作为行政机关督促行政协议相对方积极履约的手段，我国行政优益权显然具有维护公共服务持续性、稳定性的价值，如前文中的“黄石恒天经纬纺织机械有限公司与大冶市自然资源和规划局案”② 和“马某某与林甸县民政局案”③。从法律规范层面观察，《行政协议司法解释》第 16 条规定行政机关单方

① 参见陈淳文:《论行政契约法上之情事变更问题》，载《公法学与政治理论》第 621–659 页。

② 湖北省黄石市中级人民法院行政判决书，(2020) 鄂 02 行终 178 号。

③ 黑龙江省大庆市中级人民法院行政判决书，(2019) 黑 06 行终 34 号。

变更、解除协议的客观基础为出现“严重损害国家利益、社会公共利益”的情形，虽然国家利益、社会公共利益的概念缺乏明确界定，法院在对行政机关单方面变更、解除协议行为进行司法审查时，只能在个案中结合案情予以判断。但仅从这个角度看，我国行政优益权与法国行政法上的基于公共利益变更、解除协议的传统行政优益权的价值内涵完全一致。

其次，作为突破我国行政诉讼框架的补充措施，我国行政优益权在一定程度上也符合了法国行政法“王之行为”的价值内涵。与法国行政法院面临的问题相似，我国缔约行政机关基于协议内部关系所作行为和基于协议外部行政职权所作行为因表述和概念较为抽象，很难对二者进行明确的划分。如前述案件中的《房屋征收补偿协议》，缔约行政机关对补偿方式和补偿金额的变更究竟是基于协议内部关系还是协议外部的行政职权。与此同时，从我国《行政诉讼法》《行政协议司法解释》的条文及我国司法实践来看，我国行政机关单方变更、解除行政协议的行为不仅仅限于法国“行政优益权”的范畴。根据《行政诉讼法》和《行政协议司法解释》规定，法院对行政机关单方面变更、解除协议的合法性审查集中在行政机关是否具有法定职权、是否遵循法定程序、是否履行相应法定职责，[①] 这也与法国法院“王之行为”的构成要件一致：[②] 首先，该变更、解除协议的行为一定是缔约行政机关作出的；其次，无论是变更协议还是解除协议，对协议相对方按照原协议内容履行均会造成不同程度的影响，且这种影响往往是不利的；第三，行政机关变更、解除协议的行为即使经法院审查是合法的，仍须对协议相对方的损失予以补偿。因此，我国法院在司法实践中对行政优益权的判断与法国行政法院具有一致性，即没有严格区分缔约行政机关基于协议内或外所作行为。换言之，根据我国当前现状可以认为，我国行政优益权

① 参见《行政协议司法解释》第 10 条、第 11 条。

② “王之行为”的理论要件为：第一，行政机关是行政协议的一方当事人；第二，缔约行政机关所作的行为造成协议履行的困难；第三，该行政行为在双方签订协议时具有不可预见性；第四，该行为加重了行政协议相对方的负担。参见张惠东：《法国行政契约之履行——比较法国行政契约法》，《行政程序法之体系变化》研讨会会议资料，2011 年 5 月。

包含了法国行政法上狭义的“王之行为”，法院在审理中对该行为进行全面审查并要求对相对人损失予以补偿。

最后，作为一种对行政协议的纠错机制，我国行政优益权还与民事法律规则相融合。如前所述，行政机关在行政协议签订后、履行过程中发现该协议存在错误，无论这种错误是否完全是由协议相对方造成的，法院一般认为若错误的不利影响由行政机关承担，则行政机关可以变更、解除行政协议。[①] 又根据我国行政法通说，行政机关单方变更、解除协议源自优益权理论，因此我国行政优益权还融合了民事合同法律规范中因“重大误解”“欺诈”等情形而享有的对合同的解除权。此外，前文第一项出于维护公共利益享有的解除权、变更权，即传统行政优益权还与民事法律规范中的“违约解除权”存在竞合。当行政协议相对方没有按照协议内容履行义务而存在违约情形时，法院也认可行政机关在此情形下的解除行为。

① 如前文列举的“张某、赣州新能源汽车科技城管理处案”，江西省高级人民法院行政裁定书，（2020）赣行申372号；“黄某某与梅州市梅江区土地房屋征收安置中心案”，广东省梅州市中级人民法院行政判决书，（2020）粤14行终88号。

结 语

行政机关在行政协议中的单方变更、解除权是当下制约我国行政协议发展的重点和难点。一方面，我国行政法学界一直未对本土化的行政优益权理论进行概念和价值上的阐述；另一方面，民法与行政法规则的共同适用导致单方变更、解除权在现实中的混乱。从理论层面看，传统行政法将优益权简单解释为“出于维护公共利益”，但是这种对优益权的解释理论早已与我国实践中的优益权产生断裂。从实践操作层面看，无论是行政法上的优益权理论还是民法上的不可抗力、情势变更等理论，均以协议履行中出现的客观条件变化为基础，这种相同的客观基础导致我们在实践中对具体某项单方变更、解除行为性质的判定产生困难。

本书通过对《行政诉讼法》等行政法规范和《民法典》等民法规范对变更、解除权的分述，对我国公私二元规范下的变更、解除权进行了较为详细的阐述。在结合我国司法现实中的优益权——《行政诉讼法》“民告官”的制度设计基础上提出，基于行政优益权的单方变更、解除权在最大限度上涵摄了民法上的相关理论，即我国行政优益权包含基于情势变更规则、合同无效、相对方违约等民法上的变更、解除权内容和价值，因此在现实中具有更为多样性的表现。

与当前大多数对行政协议单方变更、解除权的研究不同，本书在意识到单方变更、解除权的理论和实践出现问题后，并未单纯从行政法方向或民法方向对该问题进行阐释，而是通过对两种不同法律规范下的变更、解除权进行分析，从而试图搭建起民法与行政法对该问题讨论、沟通的桥梁。在对我国行政协议进行类别化研究的基础上，结合实际中的优益权对我国行政优益权理论进行重述。通过传统法学分析和法经济学分析，笔者认为我国行政协议中的单方变更、解除权仍来自行政法理论上的“行政优益权”，但是该行政优益权已不同于法国行政法上的传统概念，而是结合我国实际赋予其更为特殊的含义。具体而言，行政优益权在我国不同类别的行政协议中具有不同内涵，在以征收补偿协议为代表的公权力型行政协议中，优益权的行使目的在于减少或避免公共利益的减损，在实际中的作用则多表现为对行政机关突破行政诉讼法框架予以救济的一种方式和手段。在公共服务等领域的风险型行政协议中，行政优益权的行使则表现为对公共利益的增进，即行政机关在补偿行政协议相对方损失的前提下，依照变化的客观实际对行政协议进行部分内容的修改或全部的解除，以达到公共利益的增进效果。